¿Qué dice
LA BIBLIA
sobre el
matrimonio?

¿Qué dice
LA BIBLIA
sobre el
matrimonio?

≋CASA PROMESA
Una división de Barbour Publishing, Inc.

©2010 por Casa Promesa

ISBN 978-1-64352-112-1

Ediciones eBook:
Edición Adobe Digital (.epub) 978-1-68322-805-9
Edición Kindle y MobiPocket (.prc) 978-1-68322-806-6

Título en inglés: *What the Bible Says about Marriage*
©2008 por Barbour Publishing, Inc.

Las citas bíblicas son de las siguientes versiones y son usadas con
permiso:

Citas bíblicas marcadas "NVI" son de la Nueva Versión Internacional®,
© 1999 por la Sociedad Bíblica Internacional.

Citas bíblicas marcadas "RVR 1960" son de la Santa Biblia, Versión
Reina-Valera 1960 © 1960 por Sociedades Bíblicas en América Latina,
© renovado 1988 por Sociedades Bíblicas Unidas.

Citas bíblicas marcadas "BLA" son de la Biblia de las Américas®, ©1986,
1995, 1997 por The Lockman Foundation.

Citas bíblicas marcadas "RV Antigua" son de la Santa Biblia, Versión
Reina Valera Antigua.

Citas bíblicas marcadas "BLS" son de la Biblia en Lenguaje Sencillo ©
2000 por Sociedades Bíblicas Unidas.

Desarrollo editorial: Semantics. P.O. Box 290186, Nashville, TN 37229,
semantics01@comcast.net

Publicado por Casa Promesa, 1810 Barbour Drive, Uhrichsville, Ohio
44683, www.barbourbooks.com

*Nuestra misión es inspirar al mundo con el mensaje transformador de la
Biblia.*

Member of the
Evangelical Christian
Publishers Association

Impreso en Estados Unidos de América

CONTENIDO

INTRODUCCIÓN

"Y FUERON FELICES PARA SIEMPRE".

Esa romántica frase es el cierre de muchas historias imaginarias en las que un hombre y una mujer disfrutan de emociones interminables y cálidas y de una vida sin problemas. El problema es que los matrimonios reales no se desarrollan entre las tapas de un libro de cuentos. Aunque muchas parejas se aferran a este ideal irrealista, la mayoría de los matrimonios en el mundo no pueden clasificarse como "felices".

A diferencia de las presentaciones de Hollywood, los matrimonios con éxito se mantienen por medio de las decisiones, no por los sentimientos. La decisión de ser fiel es algo deliberado. La decisión de anteponer los intereses de tu cónyuge a los tuyos a menudo es algo consciente.

Ya seas recién casado o lo hayas estado por décadas, puedes aprender mucho de la Biblia sobre el matrimonio y unas relaciones humanas de éxito. Lee la siguiente colección de versículos de la Biblia y comienza a encontrar la sabiduría de Dios para mejorar tu matrimonio.

CAPÍTULO 1

DEFINICIÓN DEL MATRIMONIO

"Una carne". Esta frase se quedó en mi mente
durante una boda reciente a la que asistí. Imaginar
lo que sería obtener la "unidad" con alguien física,
emocional y espiritualmente. Aunque mi esposo
y yo compartimos algunos valores y algunos
sueños generales, hay muchas áreas en las que yo
simplemente vivo mi vida y él vive la suya. Supongo
que eso es algo normal hasta cierto punto.
Pero esa boda me ha hecho pensar: ¿deberían
solaparse más nuestras vidas? ¿Hay algunos
valores fundamentales adicionales que deberíamos
compartir?

■ Ashley, 48 años, Montana ■

CÓMO LOGRAR UNIDAD

■ Por esto dejará el hombre a su padre y a su madre, y se unirá a su mujer, y los dos serán una sola carne.

Grande es este misterio; mas yo digo esto respecto de Cristo y de la iglesia.

EFESIOS 5:31-32 (RVR 1960)

■ Y Dios creó al ser humano a su imagen;
    lo creó a imagen de Dios.
  Hombre y mujer los creó,
 y los bendijo con estas palabras:
    «Sean fructíferos y multiplíquense;
    llenen la tierra y sométanla;
    dominen a los peces del mar y a las aves del
        cielo,
      y a todos los reptiles que se arrastran por
        el suelo.»

GÉNESIS 1:27-28 (NVI)

■ Goza de la vida con la mujer que amas, todos los días de la vida de tu vanidad, que te son dados debajo del sol, todos los días de tu vanidad; porque esta es tu parte en la vida, y en tu trabajo con que te afanas debajo del sol.

ECLESIASTÉS 9:9 (RV ANTIGUA)

■ Y lucho para animarlos a todos, y para que se mantengan unidos en el amor de Cristo, y así lleguen a tener la plena seguridad de comprender todo el plan que Dios y Cristo tenían en secreto.

COLOSENSES 2:2 (BLS)

■ Porque donde están dos o tres reunidos en mi nombre, allí estoy yo en medio de ellos.

MATEO 18:20 (BLA)

■ Si en verdad cumplís la ley real, conforme a la Escritura: Amarás a tu prójimo como a ti mismo, bien hacéis.

SANTIAGO 2:8 (RVR 1960)

■ Nadie ha visto jamás a Dios, pero si nos amamos los unos a los otros, Dios permanece entre nosotros, y entre nosotros su amor se ha manifestado plenamente.

1 JUAN 4:12 (NVI)

■ ¡Mirad cuán bueno y cuán delicioso es Habitar los hermanos igualmente en uno!

SALMOS 133:1 (RV ANTIGUA)

■ Sólo hay una iglesia, sólo hay un Espíritu, y Dios los llamó a una sola esperanza de salvación. Sólo hay un Señor, una fe y un bautismo. Sólo hay un Dios, y es Padre de todos: gobierna sobre todos, actúa por medio de todos, y está en todos.

EFESIOS 4:4-6 (BLS)

SUMISIÓN MUTUA

■ Sometiéndoos unos a otros en el temor de Cristo.

Las mujeres estén sometidas a sus propios maridos como al Señor.

Porque el marido es cabeza de la mujer, así como Cristo es cabeza de la iglesia, siendo El mismo el Salvador del cuerpo.

Pero así como la iglesia está sujeta a Cristo, también las mujeres deben estarlo a sus maridos en todo.

Maridos, amad a vuestras mujeres, así como Cristo amó a la iglesia y se dio a sí mismo por ella.

EFESIOS 5:21-25 (BLA)

■ Así que, sigamos lo que contribuye a la paz y a la mutua edificación.

ROMANOS 14:19 (RVR 1960)

■ Por tanto, si sienten algún estímulo en su unión con Cristo, algún consuelo en su amor, algún compañerismo en el Espíritu, algún afecto entrañable, llénenme de alegría teniendo un mismo parecer, un mismo amor, unidos en alma y pensamiento. No hagan nada por egoísmo o vanidad; más bien, con humildad consideren a los demás como superiores a ustedes mismos. Cada uno debe velar no sólo por sus propios intereses sino también por los intereses de los demás.

La actitud de ustedes debe ser como la de Cristo Jesús.

FILIPENSES 2:1-5 (NVI)

■ Así también los maridos deben amar á sus mujeres como á sus mismos cuerpos. El que ama á su mujer, á sí mismo se ama.

Porque ninguno aborreció jamás á su propia carne, antes la sustenta y regala, como también Cristo á la iglesia;

Porque somos miembros de su cuerpo, de su carne y de sus huesos.

Cada uno empero de vosotros de por sí, ame también á su mujer como á sí mismo; y la mujer reverencie á su marido.

EFESIOS 5:28-30, 33 (RV ANTIGUA)

■ "Traten a los demás tal y como quieren que ellos los traten a ustedes."

LUCAS 6:31 (NVI)

■ Entonces Jesús los llamó a todos y les dijo:

"En este mundo, como ustedes bien saben, los jefes de los países gobiernan sobre sus pueblos y no los dejan hacer absolutamente nada sin su permiso. Además, los líderes más importantes del país imponen su autoridad sobre cada uno de sus habitantes. Pero entre ustedes no deben tratarse así. Al contrario, si alguno de ustedes quiere ser importante, tendrá que servir a los demás. Si alguno quiere ser el primero, deberá ser el esclavo de todos. Yo, el Hijo del hombre, soy así. No vine a este mundo para que me sirvan, sino para servir a los demás. Vine para liberar a la gente que es esclava del pecado, y para lograrlo pagaré con mi vida".

MATEO 20:25-28 (BLS)

■ En todo caso, cada uno de vosotros ame también a su mujer como a sí mismo, y que la mujer respete a su marido.

EFESIOS 5:33 (BLA)

■ Casadas, estad sujetas a vuestros maridos, como conviene en el Señor.

COLOSENSES 3:18 (RVR 1960)

■ Por lo tanto, como escogidos de Dios, santos y amados, revístanse de afecto entrañable y de bondad, humildad, amabilidad y paciencia.

COLOSENSES 3:12 (NVI)

COMPARTIR UNA VISIÓN

■ Mejores son dos que uno; porque tienen mejor paga de su trabajo.

Porque si cayeren, el uno levantará á su compañero: mas ¡ay del solo! que cuando cayere, no habrá segundo que lo levante.

ECLESIASTÉS 4:9-10 (RV ANTIGUA)

■ ¿Andan dos hombres juntos si no se han puesto de acuerdo?

AMÓS 3:3 (BLA)

■ Y si alguno prevaleciere contra uno, dos le resistirán; y cordón de tres dobleces no se rompe pronto.

ECLESIASTÉS 4:12 (RVR 1960)

■ El hierro se afila con el hierro,

     y el hombre en el trato con el hombre.

Proverbios 27:17 (NVI)

■ Mas buscad primeramente el reino de Dios
y su justicia, y todas estas cosas os serán
añadidas.

    Así que, no os congojéis por el día de
mañana; que el día de mañana traerá su fatiga:
basta al día su afán.

Mateo 6:33-34 (RV Antigua)

■ Deja en manos de Dios

     todo lo que haces,

     y tus proyectos se harán realidad.

Proverbios 16:3 (BLS)

■ "Porque yo sé los planes que tengo para vosotros" —declara el SEÑOR—"planes de bienestar y no de calamidad, para daros un futuro y una esperanza.

"Me invocaréis, y vendréis a rogarme, y yo os escucharé.

"Me buscaréis y me encontraréis, cuando me busquéis de todo corazón.

JEREMÍAS 29:11-13 (BLA)

■ Antes bien, como está escrito:
Cosas que ojo no vio, ni oído oyó,
Ni han subido en corazón de hombre,
Son las que Dios ha preparado para los que le aman.

1 CORINTIOS 2:9 (RVR 1960)

MOMENTO
A MOMENTO

SER UNO

1. Afronta el tamaño de la tarea. Tener éxito
en el matrimonio es difícil y no se debería
tomar a la ligera. Comprométete a la activa y
continua tarea de hacer que tu relación tenga
éxito. Si dejas que tu matrimonio madure por
casualidad, es muy probable que no tengas
éxito.

2. Evalúa según el estándar correcto. Si te
comparas con tus amigos, probablemente
tengas un matrimonio mejor que algunos de
ellos. Pero has de compararte con el estándar
que Dios dio. ¿De qué formas modela tu
matrimonio la relación de Cristo con la Iglesia?
¿De qué formas tienes que mejorar?

3. Persigue la unidad. Como tanto tú como tu cónyuge son humanos, no es probable que logren la perfecta unidad. Sin embargo, los matrimonios en los que ambas partes están trabajando hacia objetivos similares tienden a ser más saludables que aquellos donde cada uno se preocupa sólo de sus propios planes y sueños. Encuentra un área o dos donde tú y tu cónyuge vayan bien. Continúen mejorando ese punto fuerte. Aísla un área en la que podrías mejorar. Salgan a cenar o tomen un fin de semana libre para hablar de las formas en que podrían crecer juntos.

CAPÍTULO 2

VERDADERO AMOR

Cierto día, la cantidad de afecto que siento por mi
esposo puede variar tanto como mi nivel de azúcar
en la sangre. Un recuerdo cariñoso puede hacer
que mi estómago salte como el de una colegiala,
pero eso se puede desvanecer rápidamente
y convertirse en molestia al recoger otra vez
sus calcetines sucios. A veces esos cambios me
preocupan ¿Es eso normal?

■ Joanna, 32 años, Utah ■

DEFINICIÓN DE AMOR

■ Hijitos míos, no amemos de palabra ni de lengua, sino de hecho y en verdad.

1 JUAN 3:18 (RVR 1960)

■ Sino que el amor perfecto echa fuera el temor. El que teme espera el castigo, así que no ha sido perfeccionado en el amor.

1 JUAN 4:18 (NVI)

■ Maridos, amad á vuestras mujeres, así como Cristo amó á la iglesia, y se entregó á sí mismo por ella.

EFESIOS 5:25 (RV ANTIGUA)

■ Si no tengo amor, de nada me sirve hablar todos los idiomas del mundo, y hasta el idioma de los ángeles. Si no tengo amor, soy como un pedazo de metal ruidoso; ¡soy como una campana desafinada!

Si no tengo amor, de nada me sirve hablar de parte de Dios y conocer sus planes secretos. De nada me sirve que mi confianza en Dios sea capaz de mover montañas.

Si no tengo amor, de nada me sirve darles a los pobres todo lo que tengo. De nada me sirve dedicarme en cuerpo y alma a ayudar a los demás.

El que ama tiene paciencia en todo, y siempre es amable.

El que ama no es envidioso, ni se cree más que nadie.

No es orgulloso.

No es grosero ni egoísta.

No se enoja por cualquier cosa.

No se pasa la vida recordando lo malo que otros le han hecho.

No aplaude a los malvados, sino a los que hablan con la verdad.

El que ama es capaz de aguantarlo todo, de creerlo todo, de esperarlo todo, de soportarlo todo.

Sólo el amor vive para siempre. Llegará el día en que ya nadie hable de parte de Dios, ni se hable en idiomas extraños, ni sea necesario conocer los planes secretos de Dios.

1 CORINTIOS 13:1-8 (BLS)

■ Y sobre todas estas cosas, vestíos de amor, que es el vínculo de la unidad.

Y que la paz de Cristo reine en vuestros corazones, a la cual en verdad fuisteis llamados en un solo cuerpo; y sed agradecidos.

COLOSENSES 3:14-15 (BLA)

■ Y el segundo es semejante: Amarás a tu prójimo como a ti mismo. No hay otro mandamiento mayor que éstos.

MARCOS 12:31 (RVR 1960)

■ Nadie tiene amor más grande que el dar la vida por sus amigos.

JUAN 15:13 (NVI)

SER FIRME

■ Ahora bien, a los que reciben un encargo se les exige que demuestren ser dignos de confianza.

1 Corintios 4:2 (NVI)

■ Muchos hombres publican cada uno su liberalidad: Mas hombre de verdad, ¿quién lo hallará?

Proverbios 20:6 (RV Antigua)

■ Ustedes, los que aman a Dios,
¡demuéstrenle su amor!
Nuestro Dios protege
a los que merecen su confianza,
pero a los orgullosos
les da su merecido.

Salmos 31:23 (BLS)

■ El hombre fiel abundará en bendiciones, pero el que se apresura a enriquecerse no quedará sin castigo.

PROVERBIOS 28:20 (BLA)

■ El que es fiel en lo muy poco, también en lo más es fiel; y el que en lo muy poco es injusto, también en lo más es injusto.

LUCAS 16:10 (RVR 1960)

■ Bebe el agua de tu propio pozo,
  el agua que fluye de tu propio manantial.
¿Habrán de derramarse tus fuentes
    por las calles
  y tus corrientes de aguas
      por las plazas públicas?

PROVERBIOS 5:15-16 (NVI)

■ Pero al principio de la creación Dios "los hizo hombre y mujer". "Por eso dejará el hombre a su padre y a su madre, y se unirá a su esposa, y los dos llegarán a ser un solo cuerpo." Así que ya no son dos, sino uno solo. Por tanto, lo que Dios ha unido, que no lo separe el hombre.

MARCOS 10:6-9 (NVI)

■ Misericordia y verdad no te desamparen;
Átalas á tu cuello, Escríbelas en la tabla
de tu corazón:
    Y hallarás gracia y buena opinión
En los ojos de Dios y de los hombres.

PROVERBIOS 3:3-4 (RV ANTIGUA)

■ Dios ama la justicia
    y jamás abandonará a su pueblo.
    ¡Siempre lo protegerá!
    Los suyos vivirán para siempre
    en la tierra prometida,
    pero los malvados y sus hijos
    serán destruidos por completo.

SALMOS 37:28 (BLS)

■ Con el benigno te muestras benigno,
    con el hombre íntegro te muestras íntegro.

2 SAMUEL 22:26 (BLA)

■ Porque la mujer casada está sujeta por la ley
    al marido mientras éste vive; pero si el marido
    muere, ella queda libre de la ley del marido.

ROMANOS 7:2 (RVR 1960)

MUESTRAS DE AFECTO

■ El amor debe ser sincero. Aborrezcan el mal; aférrense al bien. Ámense los unos a los otros con amor fraternal, respetándose y honrándose mutuamente.

ROMANOS 12:9-10 (NVI)

■ La luz de los ojos alegra el corazón;
Y la buena fama engorda los huesos.

PROVERBIOS 15:30 (RV ANTIGUA)

■ Pues si yo, su Señor y Maestro, les he lavado los pies, también ustedes deben lavarse los pies unos a otros. Yo les he dado el ejemplo, para que ustedes hagan lo mismo.

JUAN 13:14-15 (BLS)

■ Es justo que yo sienta esto acerca de todos vosotros, porque os llevo en el corazón, pues tanto en mis prisiones como en la defensa y confirmación del evangelio, todos vosotros sois participantes conmigo de la gracia.

FILIPENSES 1:7 (BLA)

■ El corazón alegre hermosea el rostro;
Mas por el dolor del corazón
el espíritu se abate.

PROVERBIOS 15:13 (RVR 1960)

■ Hermano, tu amor me ha alegrado y animado mucho porque has reconfortado el corazón de los santos.

FILEMÓN 1:7 (NVI)

■ Así nosotros, por el cariño que les tenemos, nos deleitamos en compartir con ustedes no sólo el evangelio de Dios sino también nuestra vida. ¡Tanto llegamos a quererlos!

1 TESALONICENSES 2:8 (NVI)

MOMENTO
A MOMENTO

APRENDER A AMAR

1. Redefine el amor. El amor no es tan sólo un sentimiento, sino una decisión meditada de ser amable y sacrificial con la otra persona. El amor es algo que puedes decidir mostrar independientemente de lo que estés sintiendo hacia tu cónyuge.

2. Permite que continúe el afecto. Cuando se lleva casado un tiempo, el grado de afecto que sientes hacia tu cónyuge puede variar. Ya sea que te sientas mareada o aletargada, haz que tu objetivo sea vivir para que tu cónyuge no sienta una diferencia debido a tus actos. Te darás cuenta de que al actuar con amor, es posible que obtengas emociones tiernas.

3. Comprométete. Puede que haya ocasiones en que tengas fantasías de estar casada con otra persona, o quizá mires atrás a cuando eran novios y te preguntes si te casaste con la persona adecuada. Aunque tener dudas es algo natural, no dejes que se interpongan en el compromiso que has hecho. A menos que estés en una situación de abuso, vuelve a hacer el compromiso de seguir con tu matrimonio. No te quedes en el peligro de soñar despierta, sino enfócate en tu cónyuge y en su vida juntos.

CAPÍTULO 3

TU CÓNYUGE Y TÚ

Me casé tarde. Algunas de mis amigas decían que yo tenía miedo al compromiso, y otras decían que me gustaba demasiado mi trabajo. La verdad es que me casé tarde porque estaba esperando al Sr. Perfecto. No fue hasta que estaba llegando a los cuarenta cuando finalmente me di cuenta que el Sr. Perfecto no existía. Aunque me encanta mi esposo y nuestra vida juntos, a menudo aconsejo a mujeres jóvenes perfeccionistas que no sean tan especiales. A veces es suficiente con que el hombre vaya por el buen camino, ame a Jesús y te ponga a ti en primer lugar. Me he dado cuenta de que ellos no serán mucho más perfectos que eso.

■ Krista, 40 años, California ■

DEFINIR AL HOMBRE IDEAL

■ Vale más el pobre honrado,
    que el rico malvado.

PROVERBIOS 28:6 (BLS)

■ Dios bendice
    a los hijos del hombre honrado,
    cuando ellos siguen su ejemplo.

PROVERBIOS 20:7 (BLS)

■ El que vive honradamente
    lleva una vida tranquila.
El que es sinvergüenza
    un día será descubierto.

PROVERBIOS 10:9 (BLS)

■ Pero es necesario que el obispo sea irreprensible, marido de una sola mujer, sobrio, prudente, decoroso, hospedador, apto para enseñar; no dado al vino, no pendenciero, no codicioso de ganancias deshonestas, sino amable, apacible, no avaro; que gobierne bien su casa, que tenga a sus hijos en sujeción con toda honestidad (pues el que no sabe gobernar su propia casa, ¿cómo cuidará de la iglesia de Dios?); no un neófito, no sea que envaneciéndose caiga en la condenación del diablo. También es necesario que tenga buen testimonio de los de afuera, para que no caiga en descrédito y en lazo del diablo.

1 TIMOTEO 3:2-7 (RVR 1960)

■ Dichoso el que halla sabiduría,
     el que adquiere inteligencia.
  Porque ella es de más provecho que la plata
     y rinde más ganancias que el oro.

PROVERBIOS 3:13-14 (NVI)

■ El altivo será humillado,
     pero el humilde será enaltecido.

PROVERBIOS 29:23 (NVI)

DEFINIR A LA MUJER IDEAL

■ Engañosa es la gracia, y vana la hermosura: La
mujer que teme á Jehová, ésa será alabada.

PROVERBIOS 31:30 (RV ANTIGUA)

■ Diles a las ancianas que se comporten como
personas que aman a Dios. No deben ser
chismosas ni emborracharse sino, más bien,
ser un buen ejemplo para las mujeres más
jóvenes y enseñarles a amar a sus esposos e
hijos. También deben enseñarles a pensar bien
lo que van a hacer y a ser dueñas de sí mismas,
a atender bien a su familia y sujetarse a su
esposo. Así nadie podrá hablar mal del mensaje
de Dios.

TITO 2:3-5 (BLS)

■ Mujer hacendosa, ¿quién la hallará?
Su valor supera en mucho al de las joyas.
En ella confía el corazón de su marido,
y no carecerá de ganancias.
Ella le trae bien y no mal
todos los días de su vida.
Busca lana y lino,
y con agrado trabaja con sus manos.
Es como las naves de mercader,
trae su alimento de lejos.
También se levanta cuando aún es de
noche,
y da alimento a los de su casa,
y tarea a sus doncellas.
Evalúa un campo y lo compra;
con sus ganancias planta una viña.
Ella se ciñe de fuerza,
y fortalece sus brazos.
Nota que su ganancia es buena,
no se apaga de noche su lámpara.
Extiende sus manos a la rueca,
y sus manos toman el huso.
Extiende su mano al pobre,
y alarga sus manos al necesitado.

No tiene temor de la nieve
  por los de su casa,
porque todos los de su casa
  llevan ropa escarlata.
Se hace mantos para sí;
  su ropa es de lino fino y de púrpura.
Fuerza y dignidad son su vestidura,
  y sonríe al futuro.
Abre su boca con sabiduría,
  y hay enseñanza de bondad en su lengua.
Ella vigila la marcha de su casa,
  y no come el pan de la ociosidad.

PROVERBIOS 31:10-22, 25-27 (BLA)

■ La mujer agraciada tendrá honra,
  Y los fuertes tendrán riquezas.

PROVERBIOS 11:16 (RVR 1960)

■ La mujer ejemplar es corona de su esposo;
  la desvergonzada es carcoma en los huesos.

PROVERBIOS 12:4 (NVI)

■ La mujer sabia edifica su casa:
Mas la necia con sus manos la derriba.

PROVERBIOS 14:1 (RV ANTIGUA)

ASPIRAR A SER UN BUEN COMPAÑERO

■ Mas las fábulas profanas y de viejas desecha, y ejercítate para la piedad.

1 TIMOTEO 4:7 (RV ANTIGUA)

■ Más bien busquen todo lo que sea bueno y ayude a su espíritu, así como los niños recién nacidos buscan desesperadamente la leche de su madre. Si lo hacen así, serán mejores cristianos y Dios los salvará.

1 PEDRO 2:2 (BLS)

■ Bienaventurados los que tienen hambre y sed de justicia, pues ellos serán saciados.

MATEO 5:6 (BLA)

■ Amados, yo os ruego como a extranjeros y peregrinos, que os abstengáis de los deseos carnales que batallan contra el alma.

1 PEDRO 2:11 (RVR 1960)

■ Así que les digo: Vivan por el Espíritu, y no seguirán los deseos de la naturaleza pecaminosa.

GÁLATAS 5:16 (NVI)

■ Mas el fruto del Espíritu es: caridad, gozo, paz, tolerancia, benignidad, bondad, fe, mansedumbre, templanza: contra tales cosas no hay ley.

GÁLATAS 5:22-23 (RV ANTIGUA)

■ Pues les ha ofrecido la posibilidad de salvarse del castigo que merecen. Ese amor de Dios nos enseña que debemos dejar de hacer el mal, y no desear lo malo de este mundo. También nos enseña que debemos vivir en este mundo siendo honestos y fieles a Dios, y pensando bien lo que hacemos.

TITO 2:12 (BLS)

■ Absteneos de toda forma de mal.

1 TESALONICENSES 5:22 (BLA)

■ Así que, hermanos, os ruego por las misericordias de Dios, que presentéis vuestros cuerpos en sacrificio vivo, santo, agradable a Dios, que es vuestro culto racional.

No os conforméis a este siglo, sino transformaos por medio de la renovación de vuestro entendimiento, para que comprobéis cuál sea la buena voluntad de Dios, agradable y perfecta.

ROMANOS 12:1-2 (RVR 1960)

■ Precisamente por eso, esfuércense por añadir a su fe, virtud; a su virtud, entendimiento; al entendimiento, dominio propio; al dominio propio, constancia; a la constancia, devoción a Dios; a la devoción a Dios, afecto fraternal; y al afecto fraternal, amor. Porque estas cualidades, si abundan en ustedes, les harán crecer en el conocimiento de nuestro Señor Jesucristo, y evitarán que sean inútiles e improductivos.

2 PEDRO 1:5-8 (NVI)

■ Para hacerte saber la certidumbre de las razones verdaderas,
    para que puedas responder razones de verdad á los que á ti enviaren.

PROVERBIOS 22:21 (RV ANTIGUA)

■ Queridos hermanos en Cristo, Dios nos hizo esa promesa. Por eso no debemos hacer el mal, sino mantenernos libres de pecado para que Dios nos acepte. Honremos a Dios, y tratemos de ser santos como él.

2 CORINTIOS 7:1 (BLS)

■ Puesto que todas estas cosas han de ser destruidas de esta manera, ¡qué clase de personas no debéis ser vosotros en santa conducta y en piedad, esperando y apresurando la venida del día de Dios, en el cual los cielos serán destruidos por fuego y los elementos se fundirán con intenso calor!

Pero, según su promesa, nosotros esperamos nuevos cielos y nueva tierra, en los cuales mora la justicia.

Por tanto, amados, puesto que aguardáis estas cosas, procurad con diligencia ser hallados por El en paz, sin mancha e irreprensibles.

2 PEDRO 3:11-14 (BLA)

■ El que dice que permanece en él, debe andar como él anduvo.

1 Juan 2:6 (RVR 1960)

■ Porque Dios no es injusto como para olvidarse de las obras y del amor que, para su gloria, ustedes han mostrado sirviendo a los santos, como lo siguen haciendo. Deseamos, sin embargo, que cada uno de ustedes siga mostrando ese mismo empeño hasta la realización final y completa de su esperanza. No sean perezosos; más bien, imiten a quienes por su fe y paciencia heredan las promesas.

Hebreos 6:10-12 (NVI)

■ Y el Dios de paz os santifique en todo; para que vuestro espíritu y alma y cuerpo sea guardado entero sin reprensión para la venida de nuestro Señor Jesucristo.

1 Tesalonicenses 5:23 (RV Antigua)

MIRAR MÁS ALLÁ DE LOS DEFECTOS DE TU CÓNYUGE

■ Sean humildes, amables y pacientes, y con amor dense apoyo los unos a los otros. Hagan todo lo posible por vivir en paz, para que no pierdan la unidad que el Espíritu les dio.

EFESIOS 4:2-3 (BLS)

■ ¡Tened cuidado! Si tu hermano peca, repréndelo; y si se arrepiente, perdónalo.

Y si peca contra ti siete veces al día, y vuelve a ti siete veces, diciendo: "Me arrepiento", perdónalo.

LUCAS 17:3-4 (BLA)

■ Porque si perdonáis a los hombres sus ofensas, os perdonará también a vosotros vuestro Padre celestial.

MATEO 6:14 (RVR 1960)

■ El que perdona la ofensa cultiva el amor;
     el que insiste en la ofensa divide a los
amigos.

PROVERBIOS 17:9 (NVI)

■ Por tanto, si tu hermano pecare contra ti, ve,
y redargúyele entre ti y él solo: si te oyere, has
ganado á tu hermano.

MATEO 18:15 (RV ANTIGUA)

■ El odio produce más odio;
     el amor todo lo perdona.

PROVERBIOS 10:12 (BLS)

■ Sed más bien amables unos con otros,
misericordiosos, perdonándoos unos a otros,
así como también Dios os perdonó en Cristo.

EFESIOS 4:32 (BLA)

■ Un mandamiento nuevo os doy: Que os améis unos a otros; como yo os he amado, que también os améis unos a otros.

JUAN 13:34 (RVR 1960)

■ Sean compasivos, así como su Padre es compasivo.

LUCAS 6:36 (NVI)

■ A su alma hace bien el hombre misericordioso: Mas el cruel atormenta su carne.

PROVERBIOS 11:17 (RV ANTIGUA)

■ "Por eso, si llevas al altar del templo una ofrenda para Dios, y allí te acuerdas de que alguien está enojado contigo, deja la ofrenda delante del altar, ve de inmediato a reconciliarte con esa persona, y después de eso regresa a presentar tu ofrenda a Dios.

MATEO 5:23-24 (BLS)

APOYO MUTUO

■ Llevad los unos las cargas de los otros, y
cumplid así la ley de Cristo.

GÁLATAS 6:2 (BLA)

■ De manera que si un miembro padece,
todos los miembros se duelen con él, y si un
miembro recibe honra, todos los miembros
con él se gozan.

1 CORINTIOS 12:26 (RVR 1960)

■ Ámense los unos a los otros con amor
fraternal, respetándose y honrándose
mutuamente.

ROMANOS 12:10 (NVI)

■ Y considerémonos los unos á los otros para provocarnos al amor y á las buenas obras.

HEBREOS 10:24 (RV ANTIGUA)

■ Más valen dos que uno solo,
    pues tienen mejor remuneración
por su trabajo.
    Porque si uno de ellos cae, el otro
levantará a su compañero;
    pero ¡ay del que cae cuando
no hay otro que lo levante!
    Además, si dos se acuestan juntos
se mantienen calientes,
    pero uno solo ¿cómo se calentará?
Y si alguien puede prevalecer
    contra el que está solo,
    dos lo resistirán.
Un cordel de tres hilos
    no se rompe fácilmente.

ECLESIASTÉS 4:9-12 (BLA)

■ —"Ama al Señor tu Dios con todo tu corazón, con todo tu ser y con toda tu mente" —le respondió Jesús—. Éste es el primero y el más importante de los mandamientos. El segundo se parece a éste: "Ama a tu prójimo como a ti mismo." De estos dos mandamientos dependen toda la ley y los profetas.

MATEO 22:37-40 (NVI)

RESPETAR A TU CÓNYUGE

■ Y aconsejar a las jóvenes a amar a sus esposos y a sus hijos, a ser sensatas y puras, cuidadosas del hogar, bondadosas y sumisas a sus esposos, para que no se hable mal de la palabra de Dios.

TITO 2:4-5 (NVI)

■ De igual manera, ustedes esposos, sean comprensivos en su vida conyugal, tratando cada uno a su esposa con respeto, ya que como mujer es más delicada, y ambos son herederos del grato don de la vida. Así nada estorbará las oraciones de ustedes.

1 PEDRO 3:7 (NVI)

LA VIDA CON UN CÓNYUGE NO CREYENTE

■ Sino santificad al Señor Dios en vuestros
corazones, y estad siempre aparejados para
responder con mansedumbre y reverencia
á cada uno que os demande razón de la
esperanza que hay en vosotros:

Teniendo buena conciencia, para que
en lo que murmuran de vosotros como
de malhechores, sean confundidos los que
blasfeman vuestra buena conversación en Cristo.

1 PEDRO 3:15-16 (RV ANTIGUA)

■ Ustedes, las esposas, deben obedecer a
sus esposos en todo. De esa manera, si
ellos no creen en el mensaje de la buena
noticia, el comportamiento de ustedes podrá
convencerlos. No tendrán que decirles nada,
porque ellos verán que ustedes son honestas y
que honran a Dios.

1 PEDRO 3:1-2 (BLS)

■ Vosotros sois la sal de la tierra; pero si la sal se ha vuelto insípida, ¿con qué se hará salada otra vez? Ya para nada sirve, sino para ser echada fuera y pisoteada por los hombres.

   Vosotros sois la luz del mundo. Una ciudad situada sobre un monte no se puede ocultar.

MATEO 5:13-14 (BLA)

■ Así alumbre vuestra luz delante de los hombres, para que vean vuestras buenas obras, y glorifiquen a vuestro Padre que está en los cielos.

MATEO 5:16 (RVR 1960)

■ A los demás les digo yo (no es mandamiento del Señor): Si algún hermano tiene una esposa que no es creyente, y ella consiente en vivir con él, que no se divorcie de ella. Y si una mujer tiene un esposo que no es creyente, y él consiente en vivir con ella, que no se divorcie de él. Porque el esposo no creyente ha sido santificado por la unión con su esposa, y la esposa no creyente ha sido santificada por la unión con su esposo creyente. Si así no fuera, sus hijos serían impuros, mientras que, de hecho, son santos.

Sin embargo, si el cónyuge no creyente decide separarse, no se lo impidan. En tales circunstancias, el cónyuge creyente queda sin obligación; Dios nos ha llamado a vivir en paz. ¿Cómo sabes tú, mujer, si acaso salvarás a tu esposo? ¿O cómo sabes tú, hombre, si acaso salvarás a tu esposa?

1 CORINTIOS 7:12-16 (NVI)

MOMENTO
A MOMENTO

VIVIENDO
JUNTOS

1. Cuenta primero tus bendiciones. En lugar de obsesionarte con las debilidades de tu cónyuge, dedícale algo de tu tiempo de oración a darle gracias a Dios por alguna fortaleza específica que valores en tu cónyuge.

2. Recuerda que ninguno de los dos es perfecto. Claro, es fácil señalar las faltas de tu cónyuge pero también tú tienes tus propias debilidades. Enfócate en enderezarte a ti mismo antes de querer mejorar a tu cónyuge.

3. Evalúate humildemente. No tomes la actitud de decir: "Cambiaré mis cosas cuando tú cambies las tuyas". Pídele a tu cónyuge que te ayude a identificar y trabajar en debilidades específicas de tu propia vida.

4. Demuestra el amor de Cristo cada día. Sea tu cónyuge cristiano o no, trabaja duro para mostrarle el amor que Cristo te ha mostrado a ti.

CAPÍTULO 4

DIVORCIO Y SEGUNDAS NUPCIAS

No tengo duda de que mi primer matrimonio fue un error. Ella no era la mujer indicada y yo tampoco era el tipo adecuado. Aunque yo era cristiano en ese entonces, era bastante inmaduro y egocéntrico. Culpaba rápidamente a mi esposa de cada conflicto que teníamos. El divorcio llegó rápidamente y ella se volvió a casar a los pocos meses. Por mi parte, he pensado en casarme de segundas nupcias pero me acompaña la culpa. ¿Me ha perdonado Dios por el papel que desempeñé en ese fracaso? ¿Estará Dios de acuerdo con que vuelva a intentar lo del matrimonio?

■ Jeremy, 26 años, Nueva York ■

EVITAR EL DIVORCIO

■ Mas á los que están juntos en matrimonio,
denuncio, no yo, sino el Señor: Que la mujer
no se aparte del marido;

   Y si se apartare, que se quede sin casar, ó
reconcíliese con su marido; y que el marido no
despida á su mujer.

1 Corintios 7:10-11 (RV Antigua)

■ También hace mucho tiempo Moisés dijo: "Si
alguno ya no quiere vivir casado con su mujer,
déle un certificado de divorcio". Pero ahora yo
les digo que el hombre sólo puede divorciarse
si su esposa tiene relaciones sexuales con
otro hombre. Si se divorcia de su esposa por
otra razón, la pone en peligro de cometer ese
mismo pecado. Si esa mujer vuelve a casarse,
tanto ella como su nuevo esposo serán
culpables de adulterio.

Mateo 5:31-32 (BLS)

■ Y respondiendo Él, dijo: "¿No habéis leído que aquel que los creó, desde el principio los hizo varon y hembra", y añadió: "por esta razon el hombre dejará a su padre y a su madre y se unirá a su mujer, y los dos serán una sola carne"?

Por consiguiente, ya no son dos, sino una sola carne. Por tanto, lo que Dios ha unido, ningún hombre lo separe.

MATEO 19:4-6 (BLA)

■ Porque Jehová Dios de Israel ha dicho que él aborrece el repudio, y al que cubre de iniquidad su vestido, dijo Jehová de los ejércitos. Guardaos, pues, en vuestro espíritu, y no seáis desleales.

MALAQUIAS 2:16 (RVR 1960)

■ Sobre todo, ámense los unos a los otros profundamente, porque el amor cubre multitud de pecados.

1 PEDRO 4:8 (NVI)

■ Díceles: Por la dureza de vuestro corazón Moisés os permitió repudiar á vuestras mujeres: mas al principio no fué así.

Y yo os digo que cualquiera que repudiare á su mujer, si no fuere por causa de fornicación, y se casare con otra, adultera: y el que se casare con la repudiada, adultera.

Dícenle sus discípulos: Si así es la condición del hombre con su mujer, no conviene casarse.

Entonces él les dijo: No todos reciben esta palabra, sino aquellos á quienes es dado.

Porque hay eunucos que nacieron así del vientre de su madre; y hay eunucos, que son hechos eunucos por los hombres; y hay eunucos que se hicieron á sí mismos eunucos por causa del reino de los cielos; el que pueda ser capaz de eso, séalo.

MATEO 19:8-12 (RV ANTIGUA)

■ Mejor es el fin de un asunto que su comienzo; mejor es la paciencia de espíritu que la altivez de espíritu.

No te apresures en tu espíritu a enojarte, porque el enojo se anida en el seno de los necios.

ECLESIASTÉS 7:8-9 (BLA)

ME HE VUELTO A CASAR

■ Digo, pues, a los solteros y a las viudas, que bueno les fuera quedarse como yo;

   pero si no tienen don de continencia, cásense, pues mejor es casarse que estarse quemando.

1 Corintios 7:8-9 (RVR 1960)

■ El justo es guía de su prójimo,

   pero el camino del malvado lleva a la perdición.

Proverbios 12:26 (NVI)

■ El que confía en su corazón es necio;

Mas el que camina en sabiduría, será salvo.

Proverbios 28:26 (RV Antigua)

■ No participen en nada de lo que hacen los que no son seguidores de Cristo. Lo bueno no tiene nada que ver con lo malo. Tampoco pueden estar juntas la luz y la oscuridad. Ni puede haber amistad entre Cristo y el diablo. El que es seguidor de Cristo no llama hermano al que no lo es.

2 CORINTIOS 6:14-15 (BLS)

■ El que halla esposa halla algo bueno y alcanza el favor del SEÑOR.

PROVERBIOS 18:22 (BLA)

■ La casa y las riquezas son herencia de los padres;
Mas de Jehová la mujer prudente.

PROVERBIOS 19:14 (RVR 1960)

■ Confía en el Señor y haz el bien;
　　　establécete en la tierra y manténte fiel.
Deléitate en el Señor,
　　　y él te concederá los deseos de tu corazón.
Encomienda al Señor tu camino;
　　　confía en él, y él actuará.

Salmos 37:3-5 (NVI)

MOMENTO A
MOMENTO

CONSIDERAR
LAS SEGUNDAS
NUPCIAS

1. El divorcio no es el pecado imperdonable.
Si te has divorciado, probablemente se
produjeron muchas acciones pecaminosas,
pensamientos y actitudes por ambas partes. Es
importante recordar que Dios perdona a sus
hijos más de lo que se merecen. El perdón de
Dios es completo y final.

2. Deja pasar un poco de tiempo antes de
proceder. La reconciliación con tu ex puede ser
un objetivo que honre a Dios. Si ese objetivo
está en tu corazón y tu excónyuge está abierto

a ello, entonces mantén el tema en oración y da pasos para ver si es algo razonable. Si tu cónyuge ya ha dado el paso de volver a casarse, no te aferres a un sueño irreal que paralice tu vida. Si tu matrimonio previo se terminó, tienes que aceptar el carácter irreversible del hecho y seguir adelante con tu vida.

3. No señales. La mayoría de los matrimonios terminan con cada parte pensando que el excónyuge fue el principal culpable del derrumbamiento de la relación. Siéntate con un pastor o un amigo cercano y céntrate en ti. ¿Qué puedes aprender de tu experiencia de divorcio? ¿Cómo puedes llegar a ser un mejor amigo (o quizá incluso un mejor cónyuge) en el futuro?

CAPÍTULO 5

COMUNICACIÓN

¿Cómo es posible que mi esposa no sepa que sus gastos me vuelven loco? Claro, entiendo que los viajes y las vacaciones son recuerdos inolvidables para los niños, ¿pero realmente es necesario tanto? Para ser sincero, ni siquiera puedo hablarlo con ella sin que se me suba la presión arterial a las nubes. Tenemos que hablar del asunto pronto o acabaremos arruinados.

■ Miguel, 53 años, Tennessee ■

COMUNICARSE BIEN

■ Ninguna palabra corrompida salga de vuestra boca, sino la que sea buena para la necesaria edificación, a fin de dar gracia a los oyentes.

EFESIOS 4:29 (RVR 1960)

■ El necio muestra en seguida su enojo,
   pero el prudente pasa por alto el insulto.

PROVERBIOS 12:16 (NVI)

■ Por lo tanto, dejando la mentira, hable cada uno a su prójimo con la verdad, porque todos somos miembros de un mismo cuerpo.

EFESIOS 4:25 (NVI)

■ Ni palabras torpes, ni necedades, ni truhanerías, que no convienen; sino antes bien acciones de gracias.

EFESIOS 5:4 (RV ANTIGUA)

■ Las palabras dichas a tiempo
son como manzanas de oro
con adornos de plata.
Para quien sabe apreciarla,
una sabia represión vale tanto
como una joya de oro muy fino.

PROVERBIOS 25:11-12 (BLS)

■ Sean gratas las palabras de mi boca y la meditación de mi corazón delante de ti, oh SEÑOR, roca mía y redentor mío.

SALMOS 19:14 (BLA)

ESCUCHAR BIEN

■ El que ahorra sus palabras tiene sabiduría;
De espíritu prudente es el hombre entendido.

PROVERBIOS 17:27 (RVR 1960)

■ ¿Te has fijado en los que hablan sin pensar?
¡Más se puede esperar de un necio que de
gente así!

PROVERBIOS 29:20 (NVI)

■ El que responde palabra antes de oir,
Le es fatuidad y oprobio.

PROVERBIOS 18:13 (RV ANTIGUA)

■ El necio no esconde su enojo;
el sabio sabe controlarse.

PROVERBIOS 29:11 (BLS)

■ ¿Y por qué miras la mota que está en el ojo de tu hermano, y no te das cuenta de la viga que está en tu propio ojo?

MATEO 7:3 (BLA)

■ Por esto, mis amados hermanos, todo hombre sea pronto para oír, tardo para hablar, tardo para airarse.

SANTIAGO 1:19 (RVR 1960)

■ El que mucho habla, mucho yerra;
    el que es sabio refrena su lengua.

PROVERBIOS 10:19 (NVI)

■ El que guarda su boca y su lengua,
    Su alma guarda de angustias.

PROVERBIOS 21:23 (RV ANTIGUA)

MANEJAR EL CONFLICTO

■ Y ustedes, los esposos, deben amar a sus
esposas y no maltratarlas.

COLOSENSES 3:19 (BLS)

■ El lento para la ira tiene gran prudencia,
pero el que es irascible ensalza la necedad.

PROVERBIOS 14:29 (BLA)

■ Ciertamente el que bate la leche sacará
mantequilla,
Y el que recio se suena las narices sacará
sangre;
Y el que provoca la ira causará contienda.

PROVERBIOS 30:33 (RVR 1960)

■ No paguen a nadie mal por mal. Procuren hacer lo bueno delante de todos.

ROMANOS 12:17 (NVI)

■ No te alegres cuando caiga tu enemigo,
    ni se regocije tu corazón ante su desgracia,
no sea que el SEÑOR lo vea y no lo apruebe,
    y aparte de él su enojo.

PROVERBIOS 24:17-18 (NVI)

■ Hay quienes hablan como dando estocadas de espada: Mas la lengua de los sabios es medicina.

PROVERBIOS 12:18 (RV ANTIGUA)

■ Por eso, anímense los unos a los otros, y ayúdense a fortalecer su vida cristiana, como ya lo están haciendo.

1 TESALONICENSES 5:11 (BLS)

EVITAR PLEITOS

■ Buscad la paz con todos y la santidad, sin la
cual nadie verá al Señor.

HEBREOS 12:14 (BLA)

■ El que es ambicioso provoca peleas,
pero el que confía en el SEÑOR prospera.

PROVERBIOS 28:25 (NVI)

■ La cordura del hombre detiene su furor;
Y su honra es disimular la ofensa.

PROVERBIOS 19:11 (RV ANTIGUA)

■ La respuesta amable calma el enojo;
la respuesta grosera lo enciende más.

PROVERBIOS 15:1 (BLS)

■ El comienzo de la contienda es como el soltar
   de las aguas;
deja, pues, la riña antes de que empiece.

PROVERBIOS 17:14 (BLA)

■ No juzguéis, para que no seáis juzgados.

Porque con el juicio con que juzgáis, seréis juzgados, y con la medida con que medís, os será medido.

¿Y por qué miras la paja que está en el ojo de tu hermano, y no echas de ver la viga que está en tu propio ojo?

¿O cómo dirás a tu hermano: Déjame sacar la paja de tu ojo, y he aquí la viga en el ojo tuyo?

¡Hipócrita! saca primero la viga de tu propio ojo, y entonces verás bien para sacar la paja del ojo de tu hermano.

MATEO 7:1-5 (RVR 1960)

■ Dichosos los que trabajan por la paz,
   porque serán llamados hijos de Dios.

MATEO 5:9 (NVI)

■ El que presto se enoja, hará locura:
   Y el hombre malicioso será aborrecido.

PROVERBIOS 14:17 (RV ANTIGUA)

■ ¿En qué se parecen
   la leña y el peleonero?
En que la leña aviva el fuego,
   y el peleonero aviva el pleito.

PROVERBIOS 26:21 (BLS)

■ El que ama la transgresión, ama la contienda;
   el que alza su puerta, busca la destrucción.

PROVERBIOS 17:19 (BLA)

■ Y el fruto de justicia se siembra en paz para aquellos que hacen la paz.

SANTIAGO 3:18 (RVR 1960)

■ Panal de miel son las palabras amables: endulzan la vida y dan salud al cuerpo.

PROVERBIOS 16:24 (NVI)

■ Mejor es un bocado seco, y en paz, Que la casa de contienda llena de víctimas.

PROVERBIOS 17:1 (RV ANTIGUA)

■ ¿Saben por qué hay guerras y pleitos entre ustedes? ¡Pues porque no saben dominar su egoísmo y su maldad!

SANTIAGO 4:1 (BLS)

MOMENTO A MOMENTO

MANEJANDO LOS CONFLICTOS

1. Escucha. Se necesita humildad y contenerse para escuchar sin justificarte o defender tus acciones. Conviértete en un buen oidor. Aprende a perder una disputa en vez de ganar a toda costa.

2. No esperes que te adivinen los pensamientos. Muchos conflictos ocurren porque las expectativas no están claras ¿Sabe tu cónyuge qué cosas te hacen perder los estribos? ¿O te enojas cuando él o ella no han estado a la altura de unas expectativas que tú nunca has comunicado?

3. Sal. ¿Hay un asunto que tienen que discutir? ¿Quizá algo relativo al dinero? ¿O algo que tiene que ver con los niños? Intenten salir a algún lado en vez de hablar en casa. Discutir un asunto tomando un café en algún lugar neutral puede ayudar a descargar la situación.

CAPÍTULO 6

IRA Y ABUSO

Cuando éramos novios, pensaba que era bonito que él se pusiera celoso. Me gustaba que se fijara tanto en lo que yo llevaba puesto y con quién pasaba el tiempo. No me podía creer que un tipo tan perfecto quisiera estar conmigo, pero ahora que llevamos casados un tiempo, no estoy tan segura. Él realmente se molesta cuando hablo demasiado con otra persona. Dice cosas desagradables sobre ciertas prendas que llevo puestas. Es como si no pudiera hacer nada bien, como si todo lo que hago le enojara. Quizá sea culpa mía, quizá no tengo razón para tener miedo, pero lo tengo.

◼ Madeline, 36 años, Arkansas ◼

CÓMO TRATAR CON LA IRA

■ El hombre irascible suscita riñas,
   pero el lento para la ira apacigua contiendas.

PROVERBIOS 15:18 (BLA)

■ Guarda silencio ante Jehová, y espera en él.
   No te alteres con motivo del que prospera en
      su camino,
   Por el hombre que hace maldades.
      Deja la ira, y desecha el enojo;
   No te excites en manera alguna
      a hacer lo malo.

SALMOS 37:7-8 (RVR 1960)

■ «Si se enojan, no pequen.» No dejen que el sol
se ponga estando aún enojados.

EFESIOS 4:26 (NVI)

■ No te apresures en tu espíritu á enojarte:
porque la ira en el seno de los necios reposa.

ECLESIASTÉS 7:9 (RV ANTIGUA)

■ Pero ahora yo les aseguro que cualquiera
que se enoje con otro tendrá que ir a juicio.
Cualquiera que insulte a otro será llevado a los
tribunales. Y el que maldiga a otro será echado
en el fuego del infierno.

MATEO 5:22 (BLS)

■ Pero ahora desechad también vosotros todas
estas cosas: ira, enojo, malicia, maledicencia,
lenguaje soez de vuestra boca.

COLOSENSES 3:8 (BLA)

■ No te entremetas con el iracundo,
   Ni te acompañes con el hombre de enojos,
   No sea que aprendas sus maneras,
   Y tomes lazo para tu alma.

PROVERBIOS 22:24-25 (RVR 1960)

■ No tomen venganza, hermanos míos, sino
   dejen el castigo en las manos de Dios, porque
   está escrito: «Mía es la venganza; yo pagaré»,
   dice el Señor. Antes bien,

   «Si tu enemigo tiene hambre, dale de
   comer;
      si tiene sed, dale de beber.
   Actuando así, harás que se avergüence de su
   conducta.»
      No te dejes vencer por el mal; al contrario,
   vence el mal con el bien.

ROMANOS 12:19-21 (NVI)

■ Si el que te aborrece tuviere hambre, dale de comer pan; Y si tuviere sed, dale de beber agua:

   Porque ascuas allegas sobre su cabeza, Y Jehová te lo pagará.

PROVERBIOS 25:21-22 (RV ANTIGUA)

■ Dios bendice a los que son maltratados por practicar la justicia, pues ellos forman parte de su reino.

   Dios los bendecirá cuando, por causa mía, la gente los maltrate y diga mentiras contra ustedes. ¡Alégrense! ¡Pónganse contentos! Porque van a recibir un gran premio en el cielo. Así maltrataron también a los profetas que vivieron antes que ustedes.

MATEO 5:10-12 (BLS)

■ Sea quitada de vosotros toda amargura, enojo, ira, gritos, maledicencia, así como toda malicia.

EFESIOS 4:31 (BLA)

■ Mejor es el que tarda en airarse que el fuerte; Y el que se enseñorea de su espíritu, que el que toma una ciudad.

PROVERBIOS 16:32 (RVR 1960)

■ El necio muestra en seguida su enojo, pero el prudente pasa por alto el insulto.

PROVERBIOS 12:16 (NVI)

CÓMO RESISTIR LA AMARGURA

■ Asegúrense de que nadie deje de alcanzar la gracia de Dios; de que ninguna raíz amarga brote y cause dificultades y corrompa a muchos.

HEBREOS 12:15 (NVI)

■ Por sobre todas las cosas cuida tu corazón, porque de él mana la vida.

PROVERBIOS 4:23 (NVI)

■ El que afirma que está en la luz, pero odia a su hermano, todavía está en la oscuridad. El que ama a su hermano permanece en la luz, y no hay nada en su vida que lo haga tropezar. Pero el que odia a su hermano está en la oscuridad y en ella vive, y no sabe a dónde va porque la oscuridad no lo deja ver.

1 JUAN 2:9-11 (NVI)

■ No se quejen unos de otros, hermanos, para que no sean juzgados. ¡El juez ya está a la puerta!

SANTIAGO 5:9 (NVI)

■ Otro parece en los labios al que aborrece; Mas en su interior pone engaño.

Cuando hablare amigablemente, no le creas; Porque siete abominaciones hay en su corazón.

Encúbrese el odio con disimulo; Mas su malicia será descubierta en la congregación.

PROVERBIOS 26:24-26 (RV ANTIGUA)

NO TOMAR TODO EN CONSIDERACIÓN

■ Entonces Pedro se acercó a Jesús y le preguntó:

—Señor, si un hermano de la iglesia me hace algo malo, ¿cuántas veces debo perdonarlo? ¿Sólo siete veces?

Jesús le contestó:

—No basta con perdonar al hermano sólo siete veces. Hay que perdonarlo una y otra vez; es decir, siempre.

MATEO 18:21-22 (BLS)

■ Pero yo os digo: amad a vuestros enemigos y orad por los que os persiguen.

MATEO 5:44 (BLA)

■ Y cuando estéis orando, perdonad, si tenéis algo contra alguno, para que también vuestro Padre que está en los cielos os perdone a vosotros vuestras ofensas.

MARCOS 11:25 (RVR 1960)

■ Más bien, sean bondadosos y compasivos unos con otros, y perdónense mutuamente, así como Dios los perdonó a ustedes en Cristo.

EFESIOS 4:32 (NVI)

■ De modo que se toleren unos a otros y se perdonen si alguno tiene queja contra otro. Así como el Señor los perdonó, perdonen también ustedes.

COLOSENSES 3:13 (NVI)

■ Carísimos, amémonos unos á otros; porque el amor es de Dios. Cualquiera que ama, es nacido de Dios, y conoce á Dios.

El que no ama, no conoce á Dios; porque Dios es amor.

1 JUAN 4:7-8 (RV ANTIGUA)

■ Entonces pasó el Señor por delante de él y proclamó: El Señor, el Señor, Dios compasivo y clemente, lento para la ira y abundante en misericordia y verdad.

Éxodo 34:6 (BLA)

■ Amad, pues, a vuestros enemigos, y haced bien, y prestad, no esperando de ello nada; y será vuestro galardón grande, y seréis hijos del Altísimo; porque él es benigno para con los ingratos y malos.

Sed, pues, misericordiosos, como también vuestro Padre es misericordioso.

No juzguéis, y no seréis juzgados; no condenéis, y no seréis condenados; perdonad, y seréis perdonados.

Dad, y se os dará; medida buena, apretada, remecida y rebosando darán en vuestro regazo; porque con la misma medida con que medís, os volverán a medir.

Lucas 6:35-38 (RVR 1960)

CONFRONTAR EL ABUSO

■ Dichosos los que lloran,
   porque serán consolados.

Mateo 5:4 (NVI)

■ El avisado ve el mal, y escóndese: Mas los
  simples pasan, y reciben el daño.

Proverbios 22:3 (RV Antigua)

■ Estoy seguro de que los sufrimientos por
  los que ahora pasamos no son nada, si los
  comparamos con la gloriosa vida que Dios nos
  dará junto a él.

Romanos 8:18 (BLS)

■ Estas cosas os he hablado para que en mí tengáis paz. En el mundo tenéis tribulación; pero confiad, yo he vencido al mundo.

JUAN 16:33 (BLA)

■ Todo lo puedo en Cristo que me fortalece.

FILIPENSES 4:13 (RVR 1960)

■ Pues Dios no nos ha dado un espíritu de timidez, sino de poder, de amor y de dominio propio.

2 TIMOTEO 1:7 (NVI)

■ En lo cual vosotros os alegráis, estando al presente un poco de tiempo afligidos en diversas tentaciones, si es necesario,

Para que la prueba de vuestra fe, mucho más preciosa que el oro, el cual perece, bien que sea probado con fuego, sea hallada en alabanza, gloria y honra, cuando Jesucristo fuera manifestado:

Al cual, no habiendo visto, le amáis; en el cual creyendo, aunque al presente no lo veáis, os alegráis con gozo inefable y glorificado;

Obteniendo el fin de vuestra fe, que es la salud de vuestras almas.

1 PEDRO 1:6-9 (RV ANTIGUA)

■ Sed firmes y valientes, no temáis ni os aterroricéis ante ellos, porque el SEÑOR tu Dios es el que va contigo; no te dejará ni te desamparará.

DEUTERONOMIO 31:6 (BLA)

■ No temas, porque yo estoy contigo; no desmayes, porque yo soy tu Dios que te esfuerzo; siempre te ayudaré, siempre te sustentaré con la diestra de mi justicia.

ISAÍAS 41:10 (RVR 1960)

■ Defiendan la causa del huérfano
y del desvalido;
al pobre y al oprimido háganles justicia.

SALMOS 82:3 (NVI)

■ Y Jehová es el que va delante de ti; él será contigo, no te dejará, ni te desamparará; no temas, ni te intimides.

DEUTERONOMIO 31:8 (RV ANTIGUA)

■ "Les doy la paz. Pero no una paz como la que se desea en el mundo; lo que les doy es mi propia paz. No se preocupen ni tengan miedo por lo que va a pasar pronto."

JUAN 14:27 (BLS)

■ El ángel del SEÑOR acampa alrededor de los que le temen,

y los rescata.

SALMOS 34:7 (BLA)

BUSCAR AYUDA

■ Porque los que en nosotros son más decorosos, no tienen necesidad; pero Dios ordenó el cuerpo, dando más abundante honor al que le faltaba, para que no haya desavenencia en el cuerpo, sino que los miembros todos se preocupen los unos por los otros.

De manera que si un miembro padece, todos los miembros se duelen con él, y si un miembro recibe honra, todos los miembros con él se gozan.

1 Corintios 12:24-26 (RVR 1960)

■ Ya te lo he ordenado: ¡Sé fuerte y valiente! ¡No tengas miedo ni te desanimes! Porque el Señor tu Dios te acompañará dondequiera que vayas.

Josué 1:9 (NVI)

■ Y si así viste Dios á la hierba, que hoy está en el campo, y mañana es echada en el horno; ¿cuánto más á vosotros, hombres de poca fe?

LUCAS 12:28 (RV ANTIGUA)

■ Alzaré mis ojos á los montes, De donde vendrá mi socorro.

Mi socorro viene de Jehová, Que hizo los cielos y la tierra.

SALMOS 121:1-2 (RV ANTIGUA)

■ Porque yo soy el SEÑOR tu Dios, que sostiene tu diestra,

que te dice: "No temas, yo te ayudaré."

ISAIAS 41:13 (BLA)

■ Jehová, roca mía y castillo mío, y mi libertador;
Dios mío, fortaleza mía, en él confiaré;
Mi escudo, y la fuerza de mi salvación, mi alto
refugio.

SALMOS 18:2 (RVR 1960)

■ Pueblo de Sión, que habitas en Jerusalén, ya no
llorarás más. ¡El Dios de piedad se apiadará de
ti cuando clames pidiendo ayuda! Tan pronto
como te oiga, te responderá.

ISAÍAS 30:19 (NVI)

■ Pues que á sus ángeles mandará acerca de ti,
Que te guarden en todos tus caminos

SALMOS 91:11 (RV ANTIGUA)

■ Tú eres mi refugio;
   tú me libras del peligro,
   por eso, con voz fuerte,
   canto y festejo mi liberación.

SALMOS 32:7 (BLS)

■ Cuando pases por las aguas, yo estaré contigo,
   y si por los ríos, no te anegarán;
   cuando pases por el fuego,
   no te quemarás,
   ni la llama te abrasará.

ISAÍAS 43:2 (BLA)

■ Tú, que me has hecho ver
   muchas angustias y males,
   Volverás a darme vida,
   Y de nuevo me levantarás
   de los abismos de la tierra.

SALMOS 71:20 (RVR 1960)

■ Por tanto, no nos desanimamos. Al contrario, aunque por fuera nos vamos desgastando, por dentro nos vamos renovando día tras día.

2 CORINTIOS 4:16 (NVI)

■ Dios es nuestro amparo y nuestra fortaleza,
nuestra ayuda segura en momentos
de angustia.
Por eso, no temeremos
aunque se desmorone la tierra
y las montañas se hundan
en el fondo del mar;
aunque rujan y se encrespen sus aguas,
y ante su furia retiemblen los montes.

Selah

SALMOS 46:1-3 (NVI)

■ Porque yo sé muy bien los planes que tengo para ustedes —afirma el SEÑOR—, planes de bienestar y no de calamidad, a fin de darles un futuro y una esperanza.

JEREMÍAS 29:11 (NVI)

■ Echa sobre Jehová tu carga, y él te sustentará;
No dejará para siempre caído al justo.

SALMOS 55:22 (RV ANTIGUA)

■ ¡Bendito seas siempre, nuestro Dios!
Tú, Dios y Salvador nuestro,
nos ayudas en nuestros problemas.

SALMOS 68:19 (BLS)

■ Y dijo:
El SEÑOR es mi roca, mi baluarte y mi
libertador.

2 SAMUEL 22:2 (BLA)

■ El deseo de los humildes oíste, oh Jehová;
Tú dispones su corazón, y haces atento tu oído.

SALMOS 10:17 (RVR 1960)

RECUPERACIÓN DEL ABUSO

■ Él mismo, en su cuerpo, llevó al madero nuestros pecados, para que muramos al pecado y vivamos para la justicia. Por sus heridas ustedes han sido sanados.

1 PEDRO 2:24 (NVI)

■ El ladrón no viene más que a robar, matar y destruir; yo he venido para que tengan vida, y la tengan en abundancia.

JUAN 10:10 (NVI)

■ Que nuestro Señor Jesucristo mismo y Dios nuestro Padre, que nos amó y por su gracia nos dio consuelo eterno y una buena esperanza, los anime y les fortalezca el corazón, para que tanto en palabra como en obra hagan todo lo que sea bueno.

2 TESALONICENSES 2:16-17 (NVI)

■ Restaura a los abatidos
     y cubre con vendas sus heridas.

Salmos 147:3 (NVI)

■ Cobren ánimo y ármense de valor,
     todos los que en el Señor esperan.

Salmos 31:24 (NVI)

■ Y si el Espíritu de aquel que levantó de los
muertos á Jesús mora en vosotros, el que
levantó á Cristo Jesús de los muertos, vivificará
también vuestros cuerpos mortales por su
Espíritu que mora en vosotros.

Romanos 8:11 (RV Antigua)

■ Estoy seguro de que los sufrimientos por
los que ahora pasamos no son nada, si los
comparamos con la gloriosa vida que Dios nos
dará junto a él.

Romanos 8:18 (BLS)

■ En lo cual os regocijáis grandemente, aunque ahora, por un poco de tiempo si es necesario, seáis afligidos con diversas pruebas,

para que la prueba de vuestra fe, más preciosa que el oro que perece, aunque probado por fuego, sea hallada que resulta en alabanza, gloria y honor en la revelación de Jesucristo;

a quien sin haberle visto, le amáis, y a quien ahora no veis, pero creéis en El, y os regocijáis grandemente con gozo inefable y lleno de gloria,

obteniendo, como resultado de vuestra fe, la salvación de vuestras almas.

1 PEDRO 1:6-9 (BLA)

MOMENTO A
MOMENTO

BUSCANDO
SEGURIDAD

1. Si te encuentras en una relación abusiva, rechaza las mentiras que te dice tu cónyuge. Tú no trajiste al abuso sobre ti, y no mereces recibir lo más duro de la ira. Mereces que te traten con respeto.

2. Perdón no significa vivir con abuso. Perdón no significa que está bien que alguien pueda tratarte de manera abusiva. Ama a tu cónyuge lo suficiente como para confrontar el pecado y rehusar vivir con dicho pecado.

3. No te aísles. Busca hasta que encuentres a alguien que realmente te escuche, entienda y dé pasos para ayudarte.

4. Si temes por tu integridad física, sal rápidamente. Dios te ha dado un sistema de alarma interno: escúchalo. Toma medidas inmediatas para protegerte y desarrollar un plan seguro para salir. Si necesitas ayuda, llama a una agencia como The National Domestic Violence Hotline (Línea nacional de violencia doméstica).

CAPÍTULO 7

SEXO E INTIMIDAD

He aprendido que las palabras sexo e intimidad no son intercambiables. Aunque muchas personas describen el sexo como "algo íntimo", realmente es sólo intimidad si refleja lo que sale de tu corazón. El sexo puede ser un cuadro de la íntima cercanía, vulnerabilidad, ternura e interés que existe entre ambos. También he aprendido que es posible tener intimidad con alguien sin que haya sexo de por medio. Recientemente descubrí que estaba dejando que mi corazón tuviera intimidad con alguien de mi trabajo. Aunque no hemos hecho nada físicamente inapropiado, me doy cuenta de que he cruzado una línea emocional que debería haber reservado para mi esposa.

■ Don, 30 años, Illinois ■

LA VIDA ÍNTIMA

■ Ponme como un sello sobre tu corazón, como
una marca sobre tu brazo;
Porque fuerte es como la muerte el amor;
Duros como el Seol los celos;
Sus brasas, brasas de fuego, fuerte llama.

CANTARES 8:6 (RVR 1960)

■ Llénenme de alegría teniendo un mismo
parecer, un mismo amor, unidos en alma y
pensamiento.

FILIPENSES 2:2 (NVI)

■ No envíes a la guerra a ningún hombre recién
casado, ni le impongas ningún otro deber.
Tendrá libre todo un año para atender su casa
y hacer feliz a la mujer que tomó por esposa.

DEUTERONOMIO 24:5 (NVI)

■ Luego Dios el Señor dijo: «No es bueno que el hombre esté solo. Voy a hacerle una ayuda adecuada.»

Entonces Dios el Señor hizo que el hombre cayera en un sueño profundo y, mientras éste dormía, le sacó una costilla y le cerró la herida. De la costilla que le había quitado al hombre, Dios el Señor hizo una mujer y se la presentó al hombre, el cual exclamó:

«Ésta sí es hueso de mis huesos
y carne de mi carne.
Se llamará "mujer"
porque del hombre fue sacada.»

Por eso el hombre deja a su padre y a su madre, y se une a su mujer, y los dos se funden en un solo ser.

GÉNESIS 2:18, 21-24 (NVI)

DISFRUTAR EL SEXO

■ Mi amado es mío, y yo suya;
El apacienta entre lirios.

CANTARES 2:16 (RV ANTIGUA)

■ ¡Bendita sea tu esposa!,
¡la novia de tu juventud!
Es como una linda venadita;
deja que su amor y sus caricias
te hagan siempre feliz.

PROVERBIOS 5:18-19 (BLS)

■ ¡Que me bese con los besos de su boca!
Porque mejores son tus amores que el vino.

CANTARES 1:2 (BLA)

■ Pero a causa de las fornicaciones, cada uno tenga su propia mujer, y cada una tenga su propio marido.

La mujer no tiene potestad sobre su propio cuerpo, sino el marido; ni tampoco tiene el marido potestad sobre su propio cuerpo, sino la mujer.

El marido cumpla con la mujer el deber conyugal, y asimismo la mujer con el marido.

La mujer no tiene potestad sobre su propio cuerpo, sino el marido; ni tampoco tiene el marido potestad sobre su propio cuerpo, sino la mujer.

No os neguéis el uno al otro, a no ser por algún tiempo de mutuo consentimiento, para ocuparos sosegadamente en la oración; y volved a juntaros en uno, para que no os tiente Satanás a causa de vuestra incontinencia.

1 Corintios 7:2-5 (RVR 1960)

■ Yo soy de mi amado,
   y él me busca con pasión.

Cantares 7:10 (NVI)

■ Como el manzano entre los árboles silvestres, Así es mi amado entre los mancebos: Bajo la sombra del deseado me senté, Y su fruto fué dulce en mi paladar.

CANTARES 2:3 (RV ANTIGUA)

CÓMO MANTENER LA PUREZA

■ Todos deben considerar el matrimonio como algo muy valioso. El esposo y la esposa deben ser fieles el uno al otro, porque Dios castigará a los que tengan relaciones sexuales prohibidas y sean infieles en el matrimonio.

HEBREOS 13:4 (BLS)

■ Ahora bien, las obras de la carne son evidentes, las cuales son: inmoralidad, impureza, sensualidad.

GÁLATAS 5:19 (BLA)

■ Haced morir, pues, lo terrenal en vosotros: fornicación, impureza, pasiones desordenadas, malos deseos y avaricia, que es idolatría.

COLOSENSES 3:5 (RVR 1960)

■ Más bien, revístanse ustedes del Señor
Jesucristo, y no se preocupen por satisfacer los
deseos de la naturaleza pecaminosa.

ROMANOS 13:14 (NVI)

■ Huye también los deseos juveniles; y sigue
la justicia, la fe, la caridad, la paz, con los que
invocan al Señor de puro corazón.

2 TIMOTEO 2:22 (RV ANTIGUA)

■ No tengan relaciones sexuales prohibidas.
Ese pecado le hace más daño al cuerpo que
cualquier otro pecado.

1 CORINTIOS 6:18 (BLS)

■ Pero que la inmoralidad, y toda impureza o avaricia, ni siquiera se mencionen entre vosotros, como corresponde a los santos.

EFESIOS 5:3 (BLA)

■ Andemos como de día, honestamente; no en glotonerías y borracheras, no en lujurias y lascivias, no en contiendas y envidia.

ROMANOS 13:13 (RVR 1960)

■ ¿Acaso no saben que su cuerpo es templo del Espíritu Santo, quien está en ustedes y al que han recibido de parte de Dios? Ustedes no son sus propios dueños; fueron comprados por un precio. Por tanto, honren con su cuerpo a Dios.

1 CORINTIOS 6:19-20 (NVI)

■ Sino como aquel que os ha llamado es santo, sed también vosotros santos en toda conversación:

Porque escrito está: Sed santos, porque yo soy santo.

1 Pedro 1:15-16 (RV Antigua)

■ Porque Dios no nos ha llamado a seguir pecando, sino a vivir una vida santa.

1 Tesalonicenses 4:7 (BLS)

■ Porque esta es la voluntad de Dios: vuestra santificación; es decir, que os abstengáis de inmoralidad sexual.

1 Tesalonicenses 4:3 (BLA)

■ Sino que cada uno es tentado, cuando de su propia concupiscencia es atraído y seducido.

Santiago 1:14 (RVR 1960)

■ Pero yo les digo que cualquiera que mira a una mujer y la codicia ya ha cometido adulterio con ella en el corazón.

MATEO 5:28 (NVI)

AVISOS CONTRA LA INFIDELIDAD

■ El mandamiento es una lámpara,
   la enseñanza es una luz
   y la disciplina es el camino a la vida.
Te protegerán de la mujer malvada,
   de la mujer ajena y de su lengua seductora.
No abrigues en tu corazón deseos
por su belleza,
   ni te dejes cautivar por sus ojos,
pues la ramera va tras un pedazo de pan,
   pero la adúltera va tras el hombre
que vale.
¿Puede alguien echarse brasas en el pecho
   sin quemarse la ropa?
¿Puede alguien caminar sobre las brasas
   sin quemarse los pies?
Pues tampoco quien se acuesta
con la mujer ajena
   puede tocarla y quedar impune.

PROVERBIOS 6:23-29 (NVI)

■ Querido jovencito,
　　　ten presente lo que te digo
　　　y obedece mis mandamientos.
　　　Un día en que yo estaba
　　　mirando a través de la ventana,
　　　Ya había caído la noche.
　　　El día llegaba a su fin.
　　　En ese preciso instante
　　　la mujer salió a su encuentro.
　　　Iba vestida como una prostituta,
　　　y no disimulaba sus intenciones.
　　　Cuando la mujer vio al joven,
　　　se le echó al cuello y lo besó,
　　　y abiertamente le propuso:
　　　Ven conmigo;
　　　hagamos el amor hasta mañana.
　　　Mi esposo no está en casa,
　　　pues ha salido de viaje.
　　　Con tanta dulzura le habló,
　　　que lo hizo caer en sus redes.
　　　Y el joven se fue tras ella
　　　como va el buey al matadero;
　　　cayó en la trampa como un venado
　　　cuando le clavan la flecha;

cayó como los pájaros,
que vuelan contra la red
sin saber que perderán la vida.
Querido jovencito: obedéceme;
pon atención a lo que te digo.
No pienses en esa mujer,
ni pierdas por ella la cabeza.
Por culpa suya muchos han muerto;
¡sus víctimas son ya demasiadas!
Todo el que entra en su casa
va derecho a la tumba.

PROVERBIOS 7:1, 6, 9-10, 13, 18-19, 21-27 (BLS)

■ Fosa profunda es la boca de la mujer extraña;
Aquel contra el cual Jehová estuviere airado
caerá en ella.

PROVERBIOS 22:14 (RVR 1960)

■ Pues bien, hijo mío, préstame atención
    y no te apartes de mis palabras.
Aléjate de la adúltera;
    no te acerques a la puerta de su casa,
Bebe el agua de tu propio pozo,
    el agua que fluye de tu propio manantial.
¿Habrán de derramarse tus fuentes
      por las calles
    y tus corrientes de aguas
      por las plazas públicas?
Son tuyas, solamente tuyas,
    y no para que las compartas con extraños.
¡Bendita sea tu fuente!
    ¡Goza con la esposa de tu juventud!
Es una gacela amorosa,
    es una cervatilla encantadora.
¡Que sus pechos te satisfagan siempre!
    ¡Que su amor te cautive todo el tiempo!
¿Por qué, hijo mío, dejarte cautivar
    por una adúltera?
¿Por qué abrazarte al pecho de la mujer ajena?
Nuestros caminos están a la vista del SEÑOR;
    él examina todas nuestras sendas.

Al malvado lo atrapan sus malas obras;
las cuerdas de su pecado lo aprisionan.
Morirá por su falta de disciplina;
perecerá por su gran insensatez.

PROVERBIOS 5:7-8; 15-23 (NVI)

GUARDARSE DE LA INMORALIDAD

■ Practiquen el dominio propio y manténganse alerta. Su enemigo el diablo ronda como león rugiente, buscando a quién devorar. Resístanlo, manteniéndose firmes en la fe, sabiendo que sus hermanos en todo el mundo están soportando la misma clase de sufrimientos. Y después de que ustedes hayan sufrido un poco de tiempo, Dios mismo, el Dios de toda gracia que los llamó a su gloria eterna en Cristo, los restaurará y los hará fuertes, firmes y estables.

1 Pedro 5:8-10 (NVI)

■ Someteos pues á Dios; resistid al diablo, y de vosotros huirá.

Santiago 4:7 (RV Antigua)

■ Ustedes no han pasado por ninguna tentación que otros no hayan tenido. Y pueden confiar en Dios, pues él no va a permitir que sufran más tentaciones de las que pueden soportar. Además, cuando vengan las tentaciones, Dios mismo les mostrará cómo vencerlas, y así podrán resistir.

1 Corintios 10:13 (BLS)

■ Bienaventurado el hombre que persevera bajo la prueba, porque una vez que ha sido aprobado, recibirá la corona de la vida que el Señor ha prometido a los que le aman.

Que nadie diga cuando es tentado: Soy tentado por Dios; porque Dios no puede ser tentado por el mal y El mismo no tienta a nadie.

Santiago 1:12-13 (BLA)

■ Hermanos míos, tened por sumo gozo cuando os halléis en diversas pruebas, sabiendo que la prueba de vuestra fe produce paciencia.

SANTIAGO 1:2-3 (RVR 1960)

■ Porque no tenemos un sumo sacerdote incapaz de compadecerse de nuestras debilidades, sino uno que ha sido tentado en todo de la misma manera que nosotros, aunque sin pecado. Así que acerquémonos confiadamente al trono de la gracia para recibir misericordia y hallar la gracia que nos ayude en el momento que más la necesitemos.

HEBREOS 4:15-16 (NVI)

■ ¿Cómo puede el joven llevar una vida íntegra?
    Viviendo conforme a tu palabra.
  Yo te busco con todo el corazón;
    no dejes que me desvíe de tus
mandamientos.
  En mi corazón atesoro tus dichos
    para no pecar contra ti.

SALMOS 119:9-11 (NVI)

■ Por último, hermanos, consideren bien todo lo
verdadero, todo lo respetable, todo lo justo,
todo lo puro, todo lo amable, todo lo digno de
admiración, en fin, todo lo que sea excelente o
merezca elogio.

FILIPENSES 4:8 (NVI)

■ Fíate de Jehová de todo tu corazón, Y no
estribes en tu prudencia.
  Reconócelo en todos tus caminos, Y él
enderezará tus veredas.

PROVERBIOS 3:5-6 (RV ANTIGUA)

■ Así que no nos cansemos de hacer el bien porque, si seguimos haciéndolo, Dios nos premiará a su debido tiempo. Siempre que nos sea posible, hagamos el bien a todos, pero especialmente a los seguidores de Cristo.

GÁLATAS 6:9-10 (BLS)

■ Porque los que viven conforme a la carne, ponen la mente en las cosas de la carne, pero los que viven conforme al Espíritu, en las cosas del Espíritu.

ROMANOS 8:5 (BLA)

■ Vestíos de toda la armadura de Dios, para que podáis estar firmes contra las asechanzas del diablo.

EFESIOS 6:11 (RVR 1960)

■ Como hijos obedientes, no se amolden a los malos deseos que tenían antes, cuando vivían en la ignorancia.

1 Pedro 1:14 (NVI)

■ Enséñame bondad de sentido y sabiduría; Porque tus mandamientos he creído.

Salmos 119:66 (RV Antigua)

■ Dios ha demostrado cuánto ama a todo el mundo, pues les ha ofrecido la posibilidad de salvarse del castigo que merecen. Ese amor de Dios nos enseña que debemos dejar de hacer el mal, y no desear lo malo de este mundo. También nos enseña que debemos vivir en este mundo siendo honestos y fieles a Dios, y pensando bien lo que hacemos.

Tito 2:11-12 (BLS)

■ Porque el pecado no tendrá dominio sobre vosotros, pues no estáis bajo la ley sino bajo la gracia.

Romanos 6:14 (BLA)

■ Por lo cual también nosotros, desde el día que lo oímos, no cesamos de orar por vosotros, y de pedir que seáis llenos del conocimiento de su voluntad en toda sabiduría e inteligencia espiritual,

para que andéis como es digno del Señor, agradándole en todo, llevando fruto en toda buena obra, y creciendo en el conocimiento de Dios;

fortalecidos con todo poder, conforme a la potencia de su gloria, para toda paciencia y longanimidad;

con gozo dando gracias al Padre que nos hizo aptos para participar de la herencia de los santos en luz.

COLOSENSES 1:9-12 (RVR 1960)

■ Por haber sufrido él mismo la tentación, puede socorrer a los que son tentados.

HEBREOS 2:18 (NVI)

MOMENTO A
MOMENTO

MANTÉN PURO
TU MATRIMONIO

1. Ensancha tu definición de intimidad. Tener intimidad con alguien es mucho más que sólo la relación física. Guarda tu cuerpo (y tu corazón) para aquel a quien le pertenecen. Al igual que los cuerpos se entrelazan, trabaja para que sus corazones y sus vidas reflejen esa misma cercanía.

2. Habla sobre ello. El tema del sexo puede ser algo delicado para muchas parejas. Busca la manera de hablar sobre ello aunque al principio sea difícil. Define expectativas, explica intereses y comparte tus frustraciones. Si eres demasiado vergonzoso como para hablar de

ello, no resolverás los problemas que tienes
que discutir.

3. Lucha por la pureza. A menudo, el pecado
es agradable en el momento, y la lujuria no
es ninguna excepción. Sin embargo, ceder a
sus encantos lleva a la culpa, a una intimidad
tirante y al resentimiento cuando tu cónyuge
no alcanza las irracionales fantasías de las que
has disfrutado. Evita lugares, libros, páginas de
la internet o gente que te atraiga hacia esta
tentación.

CAPÍTULO 8

TU FAMILIA Y TÚ

En mi matrimonio hay otra mujer. De hecho, mi mujer lo fomenta. Frecuentemente viene a vernos y dejamos a los niños con ella ¿Suena extraño? La otra mujer es mi suegra. Con lo rápido que aceptamos sus opiniones, uno pensaría que es una tercera persona en nuestro matrimonio. He intentado hablar de ello con mi esposa y dice que está de acuerdo conmigo, pero no está dispuesta a enfrentarse a su madre o a poner los límites apropiados.

■ Carl, 38 años, Connecticut ■

COMPARTIR LA PERSPECTIVA DE DIOS SOBRE LOS HIJOS

■ He aquí, herencia de Jehová son los hijos;
Cosa de estima el fruto del vientre.
   Como saetas en mano del valiente,
Así son los hijos habidos en la juventud.
   Bienaventurado el hombre que llenó su
aljaba de ellos;
No será avergonzado
Cuando hablare con los enemigos en la puerta.

SALMOS 127:3-5 (RVR 1960)

■ Tú creaste mis entrañas;
  me formaste en el vientre de mi madre.
 ¡Te alabo porque soy una creación admirable!
  ¡Tus obras son maravillosas,
  y esto lo sé muy bien!
 Mis huesos no te fueron desconocidos
  cuando en lo más recóndito
  era yo formado,
 cuando en lo más profundo de la tierra
  era yo entretejido.
Tus ojos vieron mi cuerpo en gestación:
  todo estaba ya escrito en tu libro;
 todos mis días se estaban diseñando,
  aunque no existía uno solo de ellos.

SALMOS 139:13-16 (NVI)

■ Bienaventurado todo aquel que teme á Jehová,
Que anda en sus caminos.

Cuando comieres el trabajo de tus manos,
Bienaventurado tú, y tendrás bien.

Tu mujer será como parra que lleva fruto á
los lados de tu casa; Tus hijos como plantas de
olivas alrededor de tu mesa.

He aquí que así será bendito el hombre
Que teme á Jehová.

SALMOS 128:1-4 (RV ANTIGUA)

SER INTENCIONAL EN LA CRIANZA DE LOS HIJOS

■ Educa a tu hijo desde niño,
    y aún cuando llegue a viejo
    seguirá tus enseñanzas.

PROVERBIOS 22:6 (BLS)

■ Por tanto, cuídate y guarda tu alma con diligencia, para que no te olvides de las cosas que tus ojos han visto, y no se aparten de tu corazón todos los días de tu vida; sino que las hagas saber a tus hijos y a tus nietos.

Recuerda el día que estuviste delante del SEÑOR tu Dios en Horeb, cuando el SEÑOR me dijo: "Reúneme el pueblo para que yo les haga oír mis palabras, a fin de que aprendan a temerme todos los días que vivan sobre la tierra y las enseñen a sus hijos."

DEUTERONOMIO 4:9-10 (BLA)

■ Y estas palabras que yo te mando hoy, estarán sobre tu corazón;

y las repetirás a tus hijos, y hablarás de ellas estando en tu casa, y andando por el camino, y al acostarte, y cuando te levantes.

Y las atarás como una señal en tu mano, y estarán como frontales entre tus ojos;

y las escribirás en los postes de tu casa, y en tus puertas.

DEUTERONOMIO 6:6-9 (RVR 1960)

■ Yo lo he elegido para que instruya a sus hijos y a su familia, a fin de que se mantengan en el camino del SEÑOR y pongan en práctica lo que es justo y recto. Así el SEÑOR cumplirá lo que le ha prometido.

GÉNESIS 18:19 (NVI)

■ Pero si a ustedes les parece mal servir al Señor, elijan ustedes mismos a quiénes van a servir: a los dioses que sirvieron sus antepasados al otro lado del río Éufrates, o a los dioses de los amorreos, en cuya tierra ustedes ahora habitan. Por mi parte, mi familia y yo serviremos al Señor.

Josué 24:15 (NVI)

■ Y que desde la niñez has sabido las Sagradas Escrituras, las cuales te pueden hacer sabio para la salud por la fe que es en Cristo Jesús.

2 Timoteo 3:15 (RV Antigua)

■ Y ustedes, padres, no hagan enojar a sus hijos. Más bien edúquenlos y denles enseñanzas cristianas.

Efesios 6:4 (BLS)

SERVIR JUNTOS

■ "De todos los dones que recibís presentaréis las ofrendas que le pertenecen al Señor, de lo mejor de ellas, la parte consagrada de ellas."

Números 18:29 (BLA)

■ Estando Jesús sentado delante del arca de la ofrenda, miraba cómo el pueblo echaba dinero en el arca; y muchos ricos echaban mucho.

Y vino una viuda pobre, y echó dos blancas, o sea un cuadrante.

Entonces llamando a sus discípulos, les dijo: De cierto os digo que esta viuda pobre echó más que todos los que han echado en el arca;

Porque todos han echado de lo que les sobra; pero ésta, de su pobreza echó todo lo que tenía, todo su sustento.

Marcos 12:41-44 (RVR 1960)

■ El que es generoso será bendecido,
   pues comparte su comida con los pobres.

PROVERBIOS 22:9 (NVI)

■ Y cualquiera que os diere un vaso de agua en
mi nombre, porque sois de Cristo, de cierto os
digo que no perderá su recompensa.

MARCOS 9:41 (RV ANTIGUA)

■ Con generosidad le darás, y no te dolerá el
corazón cuando le des, ya que el SEÑOR tu Dios
te bendecirá por esto en todo tu trabajo y en
todo lo que emprendas.

   Porque nunca faltarán pobres en tu tierra;
por eso te ordeno, diciendo: "Con liberalidad
abrirás tu mano a tu hermano, al necesitado y
al pobre en tu tierra."

DEUTERONOMIO 15:10-11 (BLA)

■ Compartiendo para las necesidades de los santos; practicando la hospitalidad.

ROMANOS 12:13 (RVR 1960)

IMPONER UNA DISCIPLINA

■ La necedad es parte del corazón juvenil,
   pero la vara de la disciplina la corrige.

PROVERBIOS 22:15 (NVI)

■ Castiga á tu hijo en tanto que hay esperanza;
   Mas no se excite tu alma para destruirlo.

PROVERBIOS 19:18 (RV ANTIGUA)

■ Si amas a tu hijo, corrígelo;
   si no lo amas, no lo castigues.

PROVERBIOS 13:24 (BLS)

■ Y ya han olvidado por completo las palabras de aliento que como a hijos se les dirige:

«Hijo mío, no tomes a la ligera la disciplina del Señor

ni te desanimes cuando te reprenda,

porque el Señor disciplina a los que ama,

y azota a todo el que recibe como hijo.»

Lo que soportan es para su disciplina, pues Dios los está tratando como a hijos. ¿Qué hijo hay a quien el padre no disciplina? Si a ustedes se les deja sin la disciplina que todos reciben, entonces son bastardos y no hijos legítimos. Después de todo, aunque nuestros padres humanos nos disciplinaban, los respetábamos. ¿No hemos de someternos, con mayor razón, al Padre de los espíritus, para que vivamos? En efecto, nuestros padres nos disciplinaban por un breve tiempo, como mejor les parecía; pero Dios lo hace para nuestro bien, a fin de que participemos de su santidad. Ciertamente, ninguna disciplina, en el momento de recibirla, parece agradable, sino más bien penosa; sin embargo, después produce una cosecha de justicia y paz para quienes han sido entrenados por ella.

HEBREOS 12:5-11 (NVI)

■ No escatimes la disciplina del niño;
      aunque lo castigues con vara, no morirá.
  Lo castigarás con vara,
     y librarás su alma del Seol.

PROVERBIOS 23:13-14 (BLA)

■ La vara y la corrección dan sabiduría;
Mas el muchacho consentido avergonzará a su madre.

PROVERBIOS 29:15 (RVR 1960)

HONRAR A LOS PADRES

■ Honra a tu padre y a tu madre, para que disfrutes de una larga vida en la tierra que te da el Señor tu Dios.

ÉXODO 20:12 (NVI)

■ Pero si una viuda tiene hijos o nietos, que éstos aprendan primero a cumplir sus obligaciones con su propia familia y correspondan así a sus padres y abuelos, porque eso agrada a Dios.

1 TIMOTEO 5:4 (NVI)

■ Corona de los viejos son los hijos de los hijos; Y la honra de los hijos, sus padres.

PROVERBIOS 17:6 (RV ANTIGUA)

■ Qué dicha es tener un hijo sabio;
    qué triste es tener un hijo tonto.

PROVERBIOS 10:1 (BLS)

■ Por eso los soldados hicieron esto. Y junto a la cruz de Jesús estaban su madre, y la hermana de su madre, María, la mujer de Cleofas, y María Magdalena.

Y cuando Jesús vio a su madre, y al discípulo a quien El amaba que estaba allí cerca, dijo a su madre: ¡Mujer, he ahí tu hijo!

Después dijo al discípulo: ¡He ahí tu madre! Y desde aquella hora el discípulo la recibió en su propia casa.

JUAN 19:25-27 (BLA)

■ Porque si alguno no provee para los suyos, y mayormente para los de su casa, ha negado la fe, y es peor que un incrédulo.

1 TIMOTEO 5:8 (RVR 1960)

■ El que roba a su padre o a su madre,
    e insiste en que no ha pecado,
    amigo es de gente perversa.

PROVERBIOS 28:24 (NVI)

■ Si algún fiel ó alguna fiel tiene viudas,
manténgalas, y no sea gravada la iglesia; á fin de
que haya lo suficiente para las que de verdad
son viudas.

1 TIMOTEO 5:16 (RV ANTIGUA)

■ Entonces las mujeres dijeron a Noemí: Bendito
sea el SEÑOR que no te ha dejado hoy sin
redentor; que su nombre sea célebre en Israel.
    Sea él también para ti restaurador de tu
vida y sustentador de tu vejez; porque tu
nuera, que te ama y es de más valor para ti
que siete hijos, le ha dado a luz.

RUT 4:14-15 (BLA)

■ Oye, hijo mío, la instrucción de tu padre,
Y no desprecies la dirección de tu madre.

PROVERBIOS 1:8 (RVR 1960)

■ Dios dijo: «Honra a tu padre y a tu madre»,
y también: «El que maldiga a su padre o a su
madre será condenado a muerte.» Ustedes,
en cambio, enseñan que un hijo puede decir a
su padre o a su madre: «Cualquier ayuda que
pudiera darte ya la he dedicado como ofrenda
a Dios.» En ese caso, el tal hijo no tiene que
honrar a su padre. Así por causa de la tradición
anulan ustedes la palabra de Dios.

MATEO 15:4-6 (NVI)

■ Escucha a tu padre, que te engendró,
y no desprecies a tu madre cuando sea anciana.

PROVERBIOS 23:22 (NVI)

MOMENTO A MOMENTO

CÓMO AMAR
A TUS HIJOS

1. No lo encomiendes al azar. Identifica los rasgos de carácter que te gustaría que tus hijos desarrollaran. Crea un plan específico para ayudar a que esos cambios sean una realidad.

2. Construye una relación. Si tienes un perro, probablemente harás que el animal acate las normas con una combinación de refuerzos positivos y negativos. Sin embargo, los niños necesitan más, mucho más. Trabaja duro para ser algo más que el general que dicta órdenes y espera que las cumplan a rajatabla. Conoce a tus hijos, escúchalos, y crea una atmósfera que esté hecha a su medida para que tengan éxito y que fomente la obediencia.

3. Construye un sistema de apoyo. Hace cien años, una familia típica podría haber tenido unas pocas generaciones (y quizá algunos familiares) viviendo cerca o incluso bajo el mismo techo. En aquellos tiempos, encontrar apoyo, conseguir consejo y solicitar ayuda era fácil. Las familias de hoy son muy diferentes. Asegúrate de tener una red con la que puedas comparar notas e intercambiar ideas. Encuentra un grupo con el que puedas ser honesto sin sentir la necesidad de competir con ellos.

4. Honra a tus padres. El mandamiento de la Biblia de honrar a nuestros padres no viene con un límite de edad. No importa cuáles sean tus sentimientos hacia ellos, el oficio de padre se debe respetar.

CAPÍTULO 9

RASGOS DE UN MATRIMONIO FUERTE

Tardé bastante, pero finalmente encontré el secreto de un buen matrimonio. De hecho, es bastante simple: tuve que darme cuenta de que no se trata de mí. Cuando vivo nuestra rutina velando por ella (sus necesidades, sus preferencias, sus elecciones), descubro que realmente empezamos a conectar. Sí, termino viviendo una vida de sacrificio, pero diría que finalmente tenemos un gran matrimonio. Y si piensas que no soy más que un felpudo, entonces no has visto el cuadro general. Lo que he descubierto es que cuanto más doy, más obtengo de ella a cambio. Honestamente, la vida nunca ha sido mejor.

■ Robert, 57 años, Texas ■

ESCOGER UN ESPÍRITU ALEGRE

■ Alégrense en la esperanza, muestren paciencia en el sufrimiento, perseveren en la oración.

ROMANOS 12:12 (NVI)

■ Alegraos en Jehová, y gozaos, justos: Y cantad todos vosotros los rectos de corazón.

SALMOS 32:11 (RV ANTIGUA)

■ Nuestro corazón se alegra
porque en ti confiamos.

SALMOS 33:21 (BLS)

■ Porque el reino de Dios no es comida ni bebida, sino justicia y paz y gozo en el Espíritu Santo.

ROMANOS 14:17 (BLA)

■ Entonces mi alma se alegrará en Jehová; Se regocijará en su salvación.

SALMOS 35:9 (RVR 1960)

■ Aclamen alegres al SEÑOR, habitantes de toda la tierra.

SALMOS 100:1 (NVI)

■ Alégrense siempre en el Señor. Insisto: ¡Alégrense!

FILIPENSES 4:4 (NVI)

■ Estad siempre gozosos.

1 TESALONICENSES 5:16 (RV ANTIGUA)

■ Las normas de Dios son rectas
   y alegran el corazón.
   Sus mandamientos son puros
   y nos dan sabiduría.

SALMOS 19:8 (BLS)

■ Mas yo en tu misericordia he confiado;
   mi corazón se regocijará en tu salvación.

SALMOS 13:5 (BLA)

■ Que el Dios de la esperanza los llene de toda
   alegría y paz a ustedes que creen en él, para
   que rebosen de esperanza por el poder del
   Espíritu Santo.

ROMANOS 15:13 (NVI)

■ Me alegraré y me regocijaré en ti;
Cantaré a tu nombre, oh Altísimo.

SALMOS 9:2 (RVR 1960)

■ Tú diste alegría en mi corazón, Más que tienen
ellos en el tiempo que se multiplicó su grano y
su mosto.

SALMOS 4:7 (RV ANTIGUA)

■ Adoren a Dios con reverencia;
y con alegría ríndanle culto.

SALMOS 2:11 (BLS)

■ Estas cosas os he hablado, para que mi gozo
esté en vosotros, y vuestro gozo sea perfecto.

JUAN 15:11 (BLA)

SENTIRTE SEGURO EN TU IDENTIDAD EN CRISTO

■ Pues todos sois hijos de Dios por la fe en Cristo Jesús.

GÁLATAS 3:26 (RVR 1960)

■ Todo esto proviene de Dios, quien por medio de Cristo nos reconcilió consigo mismo y nos dio el ministerio de la reconciliación: esto es, que en Cristo, Dios estaba reconciliando al mundo consigo mismo, no tomándole en cuenta sus pecados y encargándonos a nosotros el mensaje de la reconciliación. Así que somos embajadores de Cristo, como si Dios los exhortara a ustedes por medio de nosotros: «En nombre de Cristo les rogamos que se reconcilien con Dios.» Al que no cometió pecado alguno, por nosotros Dios lo trató como pecador, para que en él recibiéramos la justicia de Dios.

2 CORINTIOS 5:18-21 (NVI)

■ Mas á todos los que le recibieron, dióles potestad de ser hechos hijos de Dios, á los que creen en su nombre.

JUAN 1:12 (RV ANTIGUA)

■ Todos los que viven en obediencia al Espíritu de Dios, son hijos de Dios. Porque el Espíritu que Dios les ha dado no los esclaviza ni les hace tener miedo. Por el contrario, el Espíritu nos convierte en hijos de Dios y nos permite decirle a Dios: "¡Papá!"

ROMANOS 8:14-15 (BLS)

■ Ya no os llamo siervos, porque el siervo no sabe lo que hace su señor; pero os he llamado amigos, porque os he dado a conocer todo lo que he oído de mi Padre.

JUAN 15:15 (BLA)

■ Bendito sea el Dios y Padre de nuestro Señor Jesucristo, que nos bendijo con toda bendición espiritual en los lugares celestiales en Cristo, según nos escogió en él antes de la fundación del mundo, para que fuésemos santos y sin mancha delante de él, en amor habiéndonos predestinado para ser adoptados hijos suyos por medio de Jesucristo, según el puro afecto de su voluntad, para alabanza de la gloria de su gracia, con la cual nos hizo aceptos en el Amado.

EFESIOS 1:3-6 (RVR 1960)

CONOCER TU PROPIA VALÍA

■ ¡Cuán preciosos, oh Dios, me son tus
pensamientos!
   ¡Cuán inmensa es la suma de ellos!
 Si me propusiera contarlos,
    sumarían más que los granos de arena.
  Y si terminara de hacerlo,
    aún estaría a tu lado.

SALMOS 139:17-18 (NVI)

■ Antes que te formase en el vientre te conocí, y
antes que salieses de la matriz te santifiqué, te
dí por profeta á las gentes.

JEREMÍAS 1:5 (RV ANTIGUA)

■ Él quiso morir para rescatarnos de todo lo malo y para purificarnos de nuestros pecados. Al hacerlo, nos convirtió en su pueblo, en un pueblo decidido a hacer el bien.

TITO 2:14 (BLS)

■ El SEÑOR tu Dios está en medio de ti,
guerrero victorioso;
se gozará en ti con alegría,
en su amor guardará silencio,
se regocijará por ti con cantos de júbilo.

SOFONÍAS 3:17 (BLA)

PERMANECER HUMILDE

■ Así que, el que piensa estar firme, mire que no caiga.

1 Corintios 10:12 (RVR 1960)

■ Humíllense, pues, bajo la poderosa mano de Dios, para que él los exalte a su debido tiempo.

1 Pedro 5:6 (NVI)

■ Jehová ensalza á los humildes; Humilla los impíos hasta la tierra.

Salmos 147:6 (RV Antigua)

■ Porque el Señor se deleita en su pueblo; adornará de salvación a los afligidos.

Salmos 149:4 (BLA)

■ Pero lejos esté de mí gloriarme, sino en la cruz de nuestro Señor Jesucristo, por quien el mundo me es crucificado a mí, y yo al mundo.

GÁLATAS 6:14 (RVR 1960)

■ No te jactes de ti mismo;
     que sean otros los que te alaben.

PROVERBIOS 27:2 (NVI)

■ Bienaventurados los pobres en espíritu: porque de ellos es el reino de los cielos.

MATEO 5:3 (RV ANTIGUA)

■ El te ha declarado, oh hombre, lo que es
bueno.

> ¿Y qué es lo que demanda el Señor de ti,
> sino sólo practicar la justicia, amar la
>   misericordia,
> y andar humildemente con tu Dios?

MIQUEAS 6:8 (BLA)

■ Digo, pues, por la gracia que me es dada, a
cada cual que está entre vosotros, que no
tenga más alto concepto de sí que el que
debe tener, sino que piense de sí con cordura,
conforme a la medida de fe que Dios repartió
a cada uno.

ROMANOS 12:3 (RVR 1960)

TRATAR CON LAS DIFICULTADES

■ Podrán desfallecer mi cuerpo y mi espíritu,
   pero Dios fortalece mi corazón;
   él es mi herencia eterna.

SALMOS 73:26 (NVI)

■ Echando toda vuestra solicitud en él, porque él
   tiene cuidado de vosotros.

1 PEDRO 5:7 (RV ANTIGUA)

■ El SEÑOR peleará por vosotros mientras
   vosotros os quedáis callados.

ÉXODO 14:14 (BLA)

■ Esperad en él en todo tiempo, oh pueblos;
   Derramad delante de él vuestro corazón;
   Dios es nuestro refugio. Selah

SALMOS 62:8 (RVR 1960)

■ ¡Al único Dios, nuestro Salvador, que puede guardarlos para que no caigan, y establecerlos sin tacha y con gran alegría ante su gloriosa presencia, sea la gloria, la majestad, el dominio y la autoridad, por medio de Jesucristo nuestro Señor, antes de todos los siglos, ahora y para siempre! Amén.

JUDAS 1:24-25 (NVI)

■ Estando atribulados en todo, mas no angustiados; en apuros, mas no desesperamos;

Perseguidos, mas no desamparados; abatidos, mas no perecemos;

Llevando siempre por todas partes la muerte de Jesús en el cuerpo, para que también la vida de Jesús sea manifestada en nuestros cuerpos.

2 CORINTIOS 4:8-10 (RV ANTIGUA)

■ Dios siempre está cerca para salvar a los que no tienen ni ánimo ni esperanza.

SALMOS 34:18 (BLS)

■ Mas ahora, así dice el SEÑOR tu Creador, oh
Jacob, y el que te formó, oh Israel:
No temas, porque yo te he redimido,
te he llamado por tu nombre; mío eres tú.
Cuando pases por las aguas, yo estaré
contigo,
y si por los ríos, no te anegarán;
cuando pases por el fuego, no te quemarás,
ni la llama te abrasará.

ISAÍAS 43:1-2 (BLA)

ENCONTRAR LA FORTALEZA EN CRISTO

■ ¿Acaso no lo sabes?
   ¿Acaso no te has enterado?
  El Señor es el Dios eterno,
     creador de los confines de la tierra.
  No se cansa ni se fatiga,
     y su inteligencia es insondable.
  Él fortalece al cansado
     y acrecienta las fuerzas del débil.
  Aun los jóvenes se cansan, se fatigan,
     y los muchachos tropiezan y caen;
  pero los que confían en el Señor
     renovarán sus fuerzas;
    volarán como las águilas:
      correrán y no se fatigarán,
      caminarán y no se cansarán.

Isaías 40:28-31 (NVI)

■ Venid a mí todos los que estáis trabajados y
cargados, y yo os haré descansar.

    Llevad mi yugo sobre vosotros, y aprended
de mí, que soy manso y humilde de corazón; y
hallaréis descanso para vuestras almas;

    porque mi yugo es fácil, y ligera mi carga.

MATEO 11:28-30 (RVR 1960)

■ Pero él me dijo: «Te basta con mi gracia, pues
mi poder se perfecciona en la debilidad.» Por
lo tanto, gustosamente haré más bien alarde
de mis debilidades, para que permanezca sobre
mí el poder de Cristo. Por eso me regocijo en
debilidades, insultos, privaciones, persecuciones
y dificultades que sufro por Cristo; porque
cuando soy débil, entonces soy fuerte.

2 CORINTIOS 12:9-10 (NVI)

■ El Señor es mi luz y mi salvación;

    ¿a quién temeré?

  El Señor es el baluarte de mi vida;

    ¿quién podrá amedrentarme?

Aun cuando un ejército me asedie,

    no temerá mi corazón;

  aun cuando una guerra estalle contra mí,

    yo mantendré la confianza.

Salmos 27:1, 3 (NVI)

■ El Dios sempiterno es tu refugio;

    por siempre te sostiene entre sus brazos.

  Expulsará de tu presencia al enemigo

    y te ordenará que lo destruyas.

Deuteronomio 33:27 (NVI)

■ Cuando yo decía: Mi pie resbala: Tu misericordia, oh Jehová, me sustentaba.

  En la multitud de mis pensamientos dentro de mí, Tus consolaciones alegraban mi alma.

Salmos 94:18-19 (RV Antigua)

ESTAR AGRADECIDO POR LO QUE DIOS TE DA

■ Habitantes de toda la tierra,
    griten con todas sus fuerzas:
¡Viva Dios!
¡Adórenlo con alegría!
¡Vengan a su templo lanzando gritos de felicidad!
Reconozcan que él es Dios;
    él nos hizo, y somos suyos.
Nosotros somos su pueblo:
    ¡él es nuestro pastor,
    y nosotros somos su rebaño!
Vengan a las puertas de su templo;
    ¡denle gracias y alábenlo!

SALMOS 100:1-4 (BLS)

■ Ofrece a Dios sacrificio de acción de gracias,
   y cumple tus votos al Altísimo.

SALMOS 50:14 (BLA)

■ Alabad a Jehová, porque él es bueno;
   Porque para siempre es su misericordia.

SALMOS 107:1 (RVR 1960)

GLORIFICAR A DIOS JUNTOS

■ Tributad a Jehová, oh familias de los pueblos,
Dad a Jehová gloria y poder.

1 Crónicas 16:28 (RVR 1960)

■ Engrandezcan al Señor conmigo;
exaltemos a una su nombre.

Salmos 34:3 (NVI)

■ No á nosotros, oh Jehová, no á nosotros,
Sino á tu nombre da gloria;
Por tu misericordia, por tu verdad.

Salmos 115:1 (RV Antigua)

■ Cuando ustedes coman, o beban, o hagan cualquier otra cosa, háganlo para honrar a Dios.

1 CORINTIOS 10:31 (BLS)

■ Los que teméis al SEÑOR, alabadle;
descendencia toda de Jacob, glorificadle,
temedle, descendencia toda de Israel.

SALMOS 22:23 (BLA)

■ Alabaré yo el nombre de Dios con cántico,
Lo exaltaré con alabanza.

SALMOS 69:30 (RVR 1960)

■ Señor mi Dios, con todo el corazón te alabaré,
   y por siempre glorificaré tu nombre.

Salmos 86:12 (NVI)

■ Tú eres mi Dios, por eso te doy gracias;
   tú eres mi Dios, por eso te exalto.

Salmos 118:28 (NVI)

MOMENTO A MOMENTO

ESCOGIENDO LA UNIDAD

1. Sé un dador. Dar es difícil, y poner las necesidades de otro por delante de las propias es una decisión difícil y consciente. Comienza despacio. Establece metas razonables en cambios iniciales que puedas hacer.

2. No seas mezquino. Es fácil guardar rencor, reñir y discutir por pequeñas cosas. Escoge en su lugar la amabilidad y deja que las ofensas te resbalen sin aferrarte a ellas.

3. Vivir la vida juntos. Muchos matrimonios viven bajo el mismo techo y se comunican quejándose de la vida o riñendo entre sí. Toma un camino diferente. Afronten juntos la vida.

Trabajen para estar en el mismo equipo y pasar juntos cada desafío.